52주 신바람 구역공과

제자로 세우는 구역 4

"그러므로 너희는 가서 모든 족속으로
제자를 삼아 아버지와 아들과 성령의 이름으로
세례를 주고 내가 너희에게 분부한 모든 것을
가르쳐 지키게 하라" (마 28:19-20)

52주 신바람 구역공과

제자로 세우는 구역 4

조종제 지음

Grace 은혜출판사

머리말

제자로 세우는 구역 1, 2, 3권을 집필하고 사정이 있어 한해 중단하였는데 많은 교회에서 4권을 찾으며 기다리고 있어서 다시 4권을 내놓게 되었습니다.

연말이 되면 많은 목사님들이 내년에는 어느 교재로 성도들을 교육하며 훈련시킬 것인가 좋은 교재를 찾기 위하여 인터넷을 뒤지며 서점을 찾습니다. 물론 교단에서 나오는 공과들을 사용하는 교회들도 많이 있겠고, 나름대로 담임목사님이 편집하여 만든 자료를 사용하는 교회들도 있습니다.

필자도 교단에서 교단 공과를 집필하였고, 교단의 교육정책에 따라 교단공과를 사용해 오다가 때로는 교회 실정과 목회자의 비전과 이상에 맞는 교재의 필요성을 느끼곤 하였습니다. 그래서 서점에 나가 이책 저책 뒤져보며 고민할 때가 한두 번이 아니었습니다. 서점에 가보면 많은 구역공과들이 있습니다. 나름대로 특징들이 있으며 유익한 공과들입니다.

선교 1세기 동안 세계교회 역사상 그 유례를 찾아볼 수 없을 정도로 급성장하여 세계교회의 성장 모델이 되어온 한국교회가 선교 2세기에 접어들면서 정체되고 지금은 급속히 침체되며 이단들에게 넘어가고 내외적으로 도전을 받고 위기를 맞고 있는 데는 여러 가지 원인이 있겠으나, 그중 하나는 성도들을 바르게 양육하지 못하므로 믿음과 생활이 이원화되고 빛과 소금의 역할을 감당하지 못한데 주요 원인이 있다고 봅니다.

이에 필자는 성도들을 체계적으로 교육·훈련시켜 교회에 일꾼이 되고 세상을 정복하며 세상에 나가 빛과 소금으로서의 사명을 감당케 할 새로운 교재의 필요성을 깨달아 제자로 세우는 구역 1, 2, 3권을 집필하였고, 이번에 제자로 세우는 구역 4권을 집필하게 되었습니다.

본 교재는 내용면에서 개혁주의 신학에 입각한 성경적이며 체계적이고 또한 쉽게 이해하고 적용할 수 있도록 꾸며진 것이 특징입니다.

본 교재는 제자로 세우는 구역 1, 2, 3권에 이어 네 번째 집필한 것으로 본 공과에서는 요즘 사회문제가 되고 있는 인권문제, 성윤리, 동성애 문제 등과 이교들과 이단 종파 문제를 심도 있게 다루었으며, 기독교의 핵심내용들을 체계적으로 다루고 생활에 실천하며 적용하도록 하였습니다. 본 교재를 사용하는 교회마다 주님의 신실한 제자들과 일꾼들이 세워지기를 기도드립니다.

성문목장에서

저자 조종제 드림

본 교재의 특징 및 활용법

◈ 본 교재의 7대 특징

1. 본 교재는 구역원 (셀그룹 속회원)들을 제자로, 교회의 일꾼으로 성장시키기 위하여 성경의 핵심내용과 기독교의 진리들을 테마별로 체계적으로 꾸몄습니다.
2. 각 과마다 주옥같은 예화와 생각하기를 넣었습니다.
3. 단원마다 말씀을 찾고 생각하며 함께 나누도록 하였습니다.
4. 말씀을 삶에 어떻게 실천할 것인가를 나누도록 하였습니다.
5. 오늘 말씀을 통하여 주시는 교훈을 나누고 회개하며 다짐하고 기도하도록 하였습니다.
6. 강단에서 설교용으로도 활용할 수 있습니다.
7. 인도자가 인도하기 쉽도록 성경 본문과 찬송을 넣었습니다.

◈ 교재 활용 인도법

1. 먼저 인사를 나누며 서로 축복합니다.
2. 정해진 찬송이나 또는 본인이 원하는 찬송을 합니다.
3. 함께 신앙고백을 드리거나 한 사람이 대표기도를 합니다.
4. 성경을 다 같이 읽습니다.
5. 생각하기 부분을 구역원에게 읽게 합니다.
6. 말씀 속으로는 단원별로 한 단원씩 읽고 성경을 찾아 읽게 합니다.
7. 나눔의 시간은 오늘 말씀을 통하여 깨달은 점, 교훈 등을 나눕니다.
8. 실천하기는 오늘 말씀을 어떻게 실천할 것인가를 서로 나눕니다.
9. 결단 및 기도시간에는 오늘 말씀에서 말씀대로 살지 못했던 것들을 찾아 회개하며 말씀대로 살 것을 다짐하며 기도합니다.
10. 감사 및 알림에서 감사예물을 드리고 헌금기도를 한 후 교회의 중요한 소식과 구역원 소식, 다음 모임 등을 전달하고 찬송을 드린 후 주기도를 드림으로 마칩니다.

차 례

제1과 꿈, 비전을 가지라

- 본문 / 잠언 29:18, 히브리서 13:14
- 인사 / 반갑습니다. 사랑합니다. 주님의 이름으로 축복합니다.
- 찬송 / 435, 542장
- 신앙고백 (기도)

말씀읽기

잠 29:18 묵시가 없으면 백성이 방자히 행하거니와 율법을 지키는 자는 복이 있느니라

히13:14 우리가 여기에는 영구한 도성이 없으므로 장차 올 것을 찾나니

생각하기 / 제일 불행한 사람

미국의 '삼중고(三重苦) 성녀' 라고 불리는 헬렌 켈러는 소경, 귀머거리, 벙어리의 세 가지 장애를 가지고 가난한 집안에서 태어났습니다. 그러나 그는 열심히 노력하고 공부해서 맹, 농아자로서는 세계 최초로 미국의 하버드 대학교에 입학하였고 박사 학위까지 받았습니다. 그리고 맹, 농아자 복지사업 등 사회사업에도 크게 공헌하여 인류 역사에 빛이 되고 많은 사람들에게 희망과 용기를 주었습니다.

그는 "세상에서 제일 불행한 사람은 꿈이 없는 사람이다. 앞을 못 보는 사람이 불쌍해 보이지만 인생에 꿈과 비전이 없는 사람이 더 불쌍한 사람이다." 라고 했습니다. 꿈이 없는 사람은 불행합니다. 꿈이 있다면 그 꿈을 통해서 행복한 삶을 살고, 성공적인 삶을 살게 되는 것입니다.

말씀 속으로

1. 하늘의 꿈을 가지자

"묵시가 없으면 백성이 방자히 행하거니와"라는 말씀을 영어성경에서는 "비전이 없는 백성은 망한다."라고 번역을 했습니다. 묵시나 비전은 하늘의 꿈을 의미합니다. 하나님께로부터 주어진 비전입니다. 땅에 속한 사람은 땅에 꿈을 꿉니다. 그래서 땅에서 어떻게 성공할까, 땅에서 어떻게 행복하게 살 수 있을까 땅의 일을 생각합니다. 하늘에 속한 사람은 하늘의 꿈을 꿉니다. 어떻게 하면 하늘에서 영광을 얻을 수 있을까요? 어떻게 하면 하늘의 면류관을 받을 수 있을까요? 하늘의 것을 얻기 위해서 땅에 것을 포기하고 하늘의 것을 얻기 위해 땅에서는 고난의 길을 가기도 합니다. 모세는 하늘의 상 주심을 바라보고 그리스도를 위하여 받는 수모를 애굽의 모든 보화보다 더 큰 재물로 여겼다고 하였습니다.(히 11:26)

그리스도인들은 하늘의 꿈을 가져야 합니다. 하늘의 꿈이란 영원한 나라를 위한 꿈입니다. 이 땅에 사는 동안 나 자신의 성공을 위한 꿈보다 하나님의 나라를 위해서 멋진 일을 해보겠다는 꿈, 하나님의 영광을 위한 꿈을 말합니다.

성경읽기 / 잠언 16:1을 읽고 꿈을 이루려면 어떻게 해야 할지 말해봅시다.

2. 영원한 꿈을 가지자

세상에는 하루살이의 꿈을 가지고 사는 사람들이 많이 있습니다. 하루살이의 꿈이란 내일이 없고 오늘만을 위하여 사는 사람의 꿈입니다. 하루살이에게는 내일이 없습니다. 오직 이 세상의 것만을 바라보고 세상에서 잘되고 명예와 권력을 얻고, 돈 잘 벌고, 넓고 좋은 집에서 살고…. 이런 꿈은 하루살이의 꿈입니다. 이것은 땅에 속한 사람의 꿈이요 세상적인 꿈입니다. 예수 믿는 사람들은 천국 백성입니다. 이 세상은 잠깐 지나가고 영원한 세계가 있습니다. 히브리서 기자는 "우리가 여기에는 영구한 도성이 없으므로 장차 올 것을 찾나니."(히 13:14)라고 하였습니다. 우리는 장차 올 것을 찾는 꿈을 가져야 합니다. 이 땅에 것은 영원한 것이 없습니다. 잠깐 지나가는 것입니다. 그리스도인들은 하루살이의 꿈이 아니라 영원한 꿈을 가져야 합니다. 꿈이 있는 사람은 어려움도 이겨 나갑니다.

성경읽기 / 잠언 21:31을 읽고 싸울 날을 위해서는 무엇을 준비한다고 하였는지 말해봅시다.

3. 예수의 꿈을 가지자

나폴레옹은 프랑스의 자랑입니다. 그는 유럽 통일이 꿈이었습니다. 유럽을 통일하여 세계를 하나로 하는 통일국가를 이루는 꿈을 가졌던 것입니다. 그는 지금도 유럽의 정치, 경제, 사상을 지배하는 신화적인 존재라 할 수 있습니다. 그는 사형을 당했지만 꿈의 사람이었습니다. 힘이 비슷하면 서로 싸우게 되니, 그들을 훨씬 능가하는 힘을 가져서 모든 것을 하나로 집약시켜 평화의 유럽을 만든다는 꿈을 가진 것입니다. 그는 헐벗고 굶주린 3만의 패잔병 군대를 꿈과 이상을 주어 하나가 되게 하고 막강한 군대로 거듭나게 했습니다. 그리고 그 군대로 승리를 거두었습니다.

꿈을 가지고, 그 꿈을 그리며, 그 꿈을 안고 기도하면 하나님은 그 꿈을 이루어 주십니다. 하나님은 꿈꾸는 자의 하나님이십니다. 우리는 예수의 꿈을 가져야 합니다. 예수의 꿈은 세계 복음화의 꿈입니다.

성경읽기 / 요한복음 17:4을 읽고 예수님께서 어떻게 아버지를 영화롭게 하셨는지 말해봅시다.

나가는 말

사람이 산다는 것은 꿈꾸는 것입니다. 꿈이 있다는 것은 희망이 있다는 것이요, 목표가 있다는 것입니다. 꿈은 소망이요, 생명의 빛입니다. 꿈이 없는 사람은 죽은 사람과 같습니다. 꿈이 있고 소망이 있으면 살 가치가 있고 살 의욕이 있습니다.

우리의 꿈은 우리들의 시대에서 끝나는 것이 아니라 우리 후대들이 계속해서 이어갈 수 있도록 꿈을 꾸어야 합니다. 그 꿈은 예수의 꿈입니다. 우리는 거룩한 꿈, 영원한 꿈, 하나님의 꿈, 예수님의 꿈, 성령께서 꾸게 하시는 꿈을 가지고 그 꿈을 이루는 제자들이 됩시다.

나눔의 시간

1. 오늘 말씀을 통하여 느낀 점을 말해봅시다.
2. 새해에 나의 꿈을 함께 나눠봅시다

적용하기

오늘 말씀을 생활에 어떻게 적용할지 말해봅시다.

결단 및 합심기도

1. 하늘의 꿈, 거룩한 꿈, 예수의 꿈을 가지기 위해 기도합시다.
2. 우리 구역 부흥과 전도 대상자를 위하여 기도합시다.

감사 및 알림

헌금 및 기도, 교회 소식, 구역 소식, 다음 모임, 주기도

제2과 푯대를 향하여 달려가자

- 본문 / 빌립보서 3:13-14
- 인사 / 반갑습니다. 사랑합니다. 주님의 이름으로 축복합니다.
- 찬송 / 488, 441장
- 신앙고백 (기도)

말씀읽기

13 형제들아 나는 아직 내가 잡은 줄로 여기지 아니하고 오직 한 일 즉 뒤에 있는 것은 잊어버
리고 앞에 있는 것을 잡으려고 14 푯대를 향하여 그리스도 예수 안에서 하나님이 위에서 부르
신 부름의 상을 위하여 달려가노라

생각하기 / 알프스 산을 넘는 길

나폴레옹이 알프스 산을 넘을 때 병사들이 모두 지쳐 탈진 상태였습니다. 더이상 산을 넘기 불가능한 상태였습니다. 그때 나폴레옹은 앞으로 나가 "위대한 병사들이여 조금만 더 힘을 냅시다. 이 산만 넘으면 아테네라는 도시가 있는데 거기에는 술과 고기와 우리를 기다리는 미녀들이 있습니다. 이 산을 넘는 자만이 주인공이 될 수 있습니다" 라고 말하자 "와~" 하는 함성과 함께 탈진 상태에 있던 병사들이 벌떡 일어나 단숨에 알프스 산을 넘었다고 합니다.

말씀 속으로

1. 목표, 푯대를 설정하라

바울 사도가 자신의 신앙생활을 달리기 경주에 비유하고 있습니다. 그는 "푯대를 향하여 그리스도 예수 안에서 하나님이 위에서 부르신 부름의 상을 위

하여 달려가노라."(빌 3:14)라고 하였습니다. 성경에는 그리스도인들의 신앙 생활을 경주하는 것으로 표현하고 있습니다.(고전 9:24) 경기에서 목표가 없이 경기하면 아무것도 이룰 수가 없습니다. 구역(셀, 목장)이나 개인, 가정이 금년에 달려갈 목표를 정하시기 바랍니다. 어떤 목표를 정하시겠습니까? 먼저 신앙의 다섯 가지 목표를 정함이 중요합니다.

1) 52주 주일 성수하며 예배에 성공하리라는 목표를 정합시다.

2) 매일 성경 읽고 매일 기도하리라는 목표를 정하시기 바랍니다.

3) 금년에 3명 이상 인도하리라는 전도의 목표를 정하기 바랍니다.

4) 하나님의 뜻인 범사에 감사하며 살리라는 목표를 정하시기 바랍니다.

5) 십일조 생활을 하리라는 목표를 정하시기 바랍니다.

성경읽기 / 고린도전서 9:26을 읽고 달음질하는 자에게 필요한 자세가 무엇인지 말해봅시다.

2. 하늘의 상을 바라보아야 한다

바울은 올림픽 경기에서 우승자가 시상대에 올라가는 모습을 연상하면서 자신은 위에서 부르신 상을 위하여 푯대를 향하여 달려간다고 하였습니다. 바울의 푯대는 하늘의 상입니다. 그리스도인들은 땅의 상보다 하늘의 상을 바라보고 푯대를 정하고 달려가야 합니다.

윌리엄 패더라는 사람이 쓴 글 가운데 이런 글이 있습디다. 어떤 사람이 소년 시절에 길을 가다가 5달러(4,000원)짜리 돈을 주었습니다. 그것을 가지고 자기가 사고 싶은 것을 샀습니다. 그 소년은 돈의 위력이 얼마나 큰가를 체험했습니다. 그때부터 돈을 얻기 위해서 땅만 보고 다녔습니다. 그는 평생 길바닥을 보고 다니면서 돈이 될 만한 것들을 주웠습니다. 평생 단추 29,519개와 머리핀 54,172개와 수천 개의 동전 등을 주웠습니다. 그는 그것들을 줍느라고 아름다운 하늘도, 땅의 꽃과 새들과 푸른 초목을 보지 못하고 살았습니다. 이런 사람은 넝마주이 인생을 산 사람입니다.

그리스도인들은 위를 바라보고 살아야 합니다. 위에서 부르신 부름의 상을 바라보아야 합니다.

성경읽기 / 요한계시록 22:12을 읽고 예수님은 다시 오실 때 상을 받기 위해서는 어떻게 해야 할 것이지 말해봅시다.

3. 달려가야 한다

사도 바울은 현재형으로 계속 '달려가노라' 고 하였습니다. 달려간다는 말은 열정을 의미합니다. 힘을 다한다는 말입니다. 자신이 할 수 있는 최선을 다한다는 말입니다. 운동 경기하는 자가 힘을 다해 뛰듯이, 신앙생활도 목표를 정하고 열심을 다하는 것입니다. 목표에 도달하기 위해 피곤하고 힘들어도 이를 악물고 열심히 하는 것입니다. 목표를 정했으면 그 푯대에 이르기 위해 열심히 기도합니다. 전도를 위해 사람을 만나고 섬기며 사랑을 베푸는 그 영혼 구원을 위해 밤낮 기도하는 것입니다. 감사도 열심히 합니다. 범사에 감사하는 것이 하나님의 뜻일진대, 힘들어도 어려워도 일이 잘 안되어도 매일 감사하는 것입니다. 섬김과 봉사도 열심히 하는 것입니다. 이것이 달려가는 것입니다. 금년도 열심히 달려가시기 바랍니다.

성경읽기 / 고린도전서 9:24을 읽고 상을 얻기 위해서는 어떻게 하라고 하였는지 말해봅시다.

나가는 말

1985년도 뉴욕 마라톤 대회에 린다 다운이라는 장애여성이 참가했습니다. 그녀는 목발인 크러치를 양쪽 겨드랑이에 의지하여 마라톤 전 구간을 12시간

만에 완주하였습니다. 그녀가 목발에 의지하여 달리는 모습을 본 모든 인파가 눈물을 흘리며 박수를 보냈습니다. 코스를 완주한 그녀에게 레이건 대통령도 전화로 격려해 주었습니다. 그녀는 마라톤을 다 마치고 고백했습니다. "나에게 강한 의지와 노력할 수 있는 인내와 크러치를 받칠 수 있는 두 겨드랑이를 주신 하나님께 감사드립니다."

목표 푯대에 도달했을 때 영광이 주어집니다. 신앙 경주에서 우승하면 영원히 시들지 않고 썩지 않는 면류관을 얻습니다.

나눔의 시간

1. 오늘 말씀을 통하여 느낀 점을 말해봅시다.
2. 나는 금년 신앙생활의 푯대를 어떻게 정했는지 나눠봅시다.

적용하기

오늘 말씀을 생활에 어떻게 적용할지 말해봅시다.

결단 및 합심기도

1. 신앙의 푯대를 향하여 열심히 달려갈 것을 다짐하며 기도합시다.
2. 우리 구역 부흥과 전도 대상자를 위하여 기도합시다.

감사 및 알림

헌금 및 기도, 교회 소식, 구역 소식, 다음 모임, 주기도

제3과 제자의 우선순위

- 본문 / 누가복음 9:59-62
- 인사 / 반갑습니다. 사랑합니다. 주님의 이름으로 축복합니다.
- 찬송 / 94, 446장
- 신앙고백 (기도)

말씀읽기

59 또 다른 사람에게 나를 따르라 하시니 그가 이르되 나로 먼저 가서 내 아버지를 장사하게
허락하옵소서 60 이르시되 죽은 자들로 자기의 죽은 자들을 장사하게 하고 너는 가서 하나님
의 나라를 전파하라 하시고 61 또 다른 사람이 이르되 주여 내가 주를 따르겠나이다마는 나로
먼저 내 가족을 작별하게 허락하소서 62 예수께서 이르시되 손에 쟁기를 잡고 뒤를 돌아보는
자는 하나님의 나라에 합당하지 아니하니라 하시니라

생각하기 / 먼저 할 일

한 시간관리 강사가 학생들 앞에서 커다란 항아리를 하나 테이블 위에 올려놓고 주먹만 한 돌을 꺼내 항아리 속에 가득 채우고 물었습니다. "이 항아리가 가득 찼습니까?" 학생들은 "예!" 라고 대답했습니다. 그러자 그는 다시 조그마한 자갈을 한 움큼 꺼내서 주먹만 한 돌 사이에 가득 채웠습니다. 자갈이 가득 차자 다시 물었습니다. "이 항아리가 가득 찼습니까?" 학생들은 "글쎄요." 라고 대답했고, 그는 다시 모래주머니를 꺼내 모래를 항아리에 넣어 돌과 자갈 사이를 채운 후에 또 물었습니다. "이 항아리가 가득 찼습니까?" 학생들은 "아니요." 라고 대답했습니다. 그는 한 주전자를 꺼내 물을 항아리에 부었습니다. 그리고 물었습니다. "이 실험의 의미가 무엇입니까? '작은 것을 먼저 채우면 영원히 큰 돌은 넣지 못한다' 는 것입니다."

말씀 속으로

1. 시간의 우선순위

우선순위란 "절박함, 중요함, 가치 따위에 근거하여 우선하는 순서"를 말합니다. 우리가 어디에 우선순위를 두고 살고 있는지 우리의 삶을 보면 알 수 있습니다. 우선순위는 그 사람의 가치관을 보여 줍니다. 어떤 일이 참으로 중요하다면, 그것이 일상생활에서 우위를 차지하게 될 것입니다.

그리스도인들은 먼저 할 일과 나중 할 일, 꼭 해야 할 일과 해도 되고 안 해도 되는 일을 구분할 줄 알아야 합니다. 우선순위가 뒤바뀌면 가장 중요한 것을 잃을 수 있습니다. 그리스도인은 시간의 우선순위를 주님께 두어야 합니다. 주님께 드리는 시간은 첫째 예배시간입니다. 예배시간보다 더 중요한 시간은 없습니다. 모든 예배가 다 중요하지만 주일 예배시간은 빠지지 않고 꼭 지켜야 합니다. 그 시간이 가장 귀하고 중요한 시간이기 때문입니다. 예배시간에 우선순위를 두는 사람이 진정한 주님의 제자들이요 하나님의 자녀들입니다.

성경읽기 / 요한복음 4:23을 읽고 하나님은 어떤 자를 찾으신다고 했는지 말해봅시다.

2. 물질 사용의 우선순위

물질은 사람이 세상을 살아가는 데 없어서는 안되는 꼭 필요한 것입니다. 그래서 많은 사람들이 물질을 모으기 위해 수단 방법을 가리지 않고 살인을 하기도 하고, 탈세를 하기고 하고, 사기치고 강도 절도질을 하기도 합니다. 그리스도인들은 물질을 버는 것도 정당한 방법으로 벌어야 하지만 쓰는 것을 더욱 바르게 사용해야 합니다. 물질을 선한 일에 사용하며 선한 사람이 되고 악한 일에 사용하면 악한 사람이 됩니다. 물질 사용이 그 사람의 미래를 좌우하게 됩니다. 누가복음 12장 16절 이하에는 한 부자가 나옵니다. 그는 재물을 많이 수확하여 쌓아둘 곳이 없어 창고를 크게 짓고 거기 쌓아두고 영혼에게 말하기를 내 영혼아 여러 해 쓸 물건을 쌓아두었으니 이제 먹고 마시고 즐기자고 하였습니다. 주님은 그를 어리석은 자라고 하였습니다. 우리 그리스도인들은 물질 사용에 있어 먼저 하나님의 몫을 떼어 하나님께 드리고 나머지로 의식주 생활을 해야 합니다. 그리고 생명 살리고 복음 전하는 일에 사용해야 합니다.

성경읽기 / 마태복음 6:23을 읽고 보물을 어디에 쌓아두라고 하였는지 말해봅시다.

3. 삶의 우선순위

삶의 우선순위란 삶의 목적을 어디에 두고 사느냐를 의미합니다.

사람들 중에는 삶의 목적 없이 사는 사람도 있고 돈을 버는 데 목적을 두는 사람도 있으며 돈이 있는 사람들 중에는 즐기며 사는 데 목적을 두는 사람도 있습니다. 그래서 날마다 먹고 마시고 여행 다니고 쾌락과 향락을 찾아 살아갑니다. 이는 어리석은 자들의 삶입니다. 그리스도인들은 삶의 우선순위를 하나님의 영광에 두고 살아야 합니다. 바울 사도는 "너희가 먹든지 마시든지 무엇을 하든지 다 하나님의 영광을 위하여 하라."(고전 10:31)라고 했습니다. 제자들은 삶의 목적을 하나님을 기쁘시게 하는데 두고 살아가야 합니다.

성경읽기 / 고린도전서 1:21을 읽고 하나님은 무엇을 기뻐하신다고 했는지 말해봅시다.

나가는 말

우리 인생이 실패하는 이유 중 하나는 우선순위가 잘못되었기 때문입니다. 먼저 큰 돌을 집어넣어야 하는데 작은 것부터 집어넣기 때문에 큰 것을 놓쳐버리는 것입니다. 우리는 매일의 삶 속에 여러 가지 해야 할 일들이 있습니다.

그때마다 우선순위를 바르게 정하고 그 우선순위에 따라 시간과 물질을 사용하고 하나님을 기쁘시게 하는 일에 우선순위를 두어야 합니다. 그러면 하나님께서 우리의 삶을 책임져 주실 것입니다.

나눔의 시간

1. 오늘 말씀을 통하여 느낀 점을 말해봅시다.
2. 나는 지금까지 시간과 물질과 삶의 우선순위를 어디에 두고 살았는지 솔직하게 나눠봅시다

적용하기

오늘 말씀을 생활에 어떻게 적용할지 말해봅시다.

결단 및 합심기도

1. 지금까지 우선순위를 잘못 두고 살았던 것을 회개하며, 시간과 물질과 삶의 우선순위를 바르게 정하고 살 것을 다짐하며 기도합시다.
2. 우리 구역 부흥과 전도 대상자를 위하여 기도합시다.

감사 및 알림

헌금 및 기도, 교회 소식, 구역 소식, 다음 모임, 주기도

제4과 그리스도인의 사명

- 본문 / 마태복음 28:19-20
- 인사 / 반갑습니다. 사랑합니다. 주님의 이름으로 축복합니다.
- 찬송 / 240, 321장
- 신앙고백 (기도)

말씀읽기

19 그러므로 너희는 가서 모든 민족을 제자로 삼아 아버지와 아들과 성령의 이름으로 세례를
베풀고 20 내가 너희에게 분부한 모든 것을 가르쳐 지키게 하라 볼지어다 내가 세상 끝날 까
지 너희와 항상 함께 있으리라 하시니라

생각하기 / 마음 착한 등대지기 때문에

어떤 마음씨 착한 등대지기가 있었습니다. 그는 성실하게 자기의 책임을 다하였습니다. 등대에 계속 불을 켜두고 밤낮으로 기름을 넣는 것이 등대지기의 책임입니다. 등대는 배들이 위험한 해협을 지나갈 때 그 배들을 안내해 줍니다. 그런데 가까운 마을 사람들이 등대지기에게 와서 그들의 등불을 켜기 위해 기름을 조금만 달라고 요청했습니다. 그는 너무 착한 성품을 가졌기 때문에 '안 돼요' 라고 말하지 못했습니다. 그래서 기름을 조금씩 나눠주었습니다. 어느 날 기름이 하나도 남지 않게 되자 등댓불이 꺼졌습니다. 등대의 불이 꺼지면서 커다란 사고가 일어났습니다. 배가 암초에 부딪혔습니다. 그의 착한 성품이 많은 사람들을 죽게 만든 것입니다. 사명을 잊으면 큰 화를 겪게 됩니다.

말씀 속으로

1. 복음 들고 가는 것이다

예수님은 이 땅에 오셔서 공생애를 시작하면서 먼저 제자들을 불렀습니다. 그리고 그들과 함께하며 천국 복음을 전하고 병자를 고치시고 제자들을 가르치셨습니다. 예수님은 사역을 마치시고 하늘로 가시면서 제자들에게 사명을 맡겼습니다. 첫 번째 사명은 "너희는 가서 모든 민족을 제자로 삼아…" 입니다. 여기에서 간다는 것은 복음 들고 가는 것을 말합니다. 복음 들고 가서 복음을 전하여 사람들을 살려내는 것입니다. 복음을 듣지 못하면 죽은 영혼이 살아날 수 없습니다. 바울은 로마서에서 말하기를 "그런즉 그들이 믿지 아니하는 이를 어찌 부르리요 듣지도 못한 이를 어찌 믿으리오 전파하는 자가 없이 어찌 들으리요."(롬 10:14)라고 했습니다. 우리 주위에는 아직도 예수님을 알지 못하여 지옥으로 떨어지는 영혼들이 많이 있습니다. 우리나라에 4천만 명이 넘습니다. 이들에게 복음을 전하는 것이 그리스도인의 사명입니다

성경읽기 / 누가복음 10:1을 읽고 주님은 제자들을 어디로 보내셨는지 말해봅시다.

2. 가르쳐야 한다

주님은 "내가 너희에게 분부한 모든 것을 가르쳐"라고 하셨습니다. 가르치는 것은 예수의 사람으로 세우는 것입니다.

미국의 백화점 왕 존 워너메이커가 51세에 테일러 대통령으로부터 장관직을 제의받았습니다. "당신의 탁월한 경영 솜씨를 발휘해 체신부 장관직을 맡아주시오." 워너메이커는 한 마디로 거절했습니다. "나는 교회학교 교사직을 무엇보다 소중하게 생각합니다. 만약 장관을 맡아서 내 아이들을 가르치지 못한다면 그것이 정말 큰일입니다." 그래서 대통령은 교회학교 교사직을 수행할 수 있도록 해주겠다고 약속했습니다. 그제야 그는 장관직을 수락했습니다. 그

리고 매주 토요일이면 비행기를 타고 고향에 내려가 어린이들을 가르쳤습니다. 한번은 기자들이 그에게 장관직이 교회학교 교사직만도 못하냐고 물었을 때 이렇게 대답했습니다. "교회학교 교사직은 내가 평생 해야 할 본업입니다. 그러나 장관직은 몇 해 하다가 말 부업이지요." 가르치는 사역은 장관직보다 더 중요한 사역입니다.

성경읽기 / 디모데전서 4:13을 읽고 무엇에 전념하라고 했는지 말해봅시다.

3. 사명은 생명보다 귀하다

바울 사도는 "주 예수께 받은 사명 곧 하나님의 은혜의 복음을 증언하는 일을 마치려 함에는 나의 생명조차 조금도 귀한 것으로 여기지 아니하노라."(행 20:24)라고 하였습니다. 이는 사명이 생명보다 귀하다는 고백입니다.

라이언 일병 구하기 영화가 있습니다. 적에게 포로가 된 라이언 일병을 구하기 위해 특공대원 여덟 명이 적진으로 들어갔습니다. 그리고 적과 결전을 합니다. 여덟 명 중 여덟 명이 다 죽습니다. 한 생명을 구하기 위해 특수대원 8명이 목숨을 버립니다. 왜? 라이언 일병을 구하라는 사명을 받았기 때문입니다.

그리스도인들은 모두 주께 받은 사명이 있습니다. 주께 받은 사명은 어명입니다. 복음 들고 가는 것입니다. 가서 복음을 전하는 것입니다. 그리고 가르치는 것입니다. 목숨 다해 이 사명 감당해야 합니다.

성경읽기 / 디모데후서 4:7을 읽고 바울은 사명을 어떻게 감당했다고 하는지 말해봅시다.

나가는 말

벨기에 태생의 선교사 다미엔은 나환자들을 위해 살다 자신도 나병에 걸려 죽은 성직자입니다. 1873년 그가 나환자 수용소인 몰로카이 섬으로 갔을 때 그곳은 그야말로 생지옥이었습니다. 매일 수십 명이 죽어나갔고 환자들은 자포자기에 빠져 살고 있었습니다. 다미엔은 10년을 전도했으나 큰 성과를 얻지 못했습니다. 어느 날 그의 손에 상처가 생겨 나병이 전염되자 이렇게 기도했습니다. "하나님 감사합니다. 이제야 나환자들에게 전도할 자격을 갖게 됐습니다."

주님은 오늘 우리에게도 가라고 하십니다. 가서 전하라고 하십니다. 가르치라고 하십니다. 이 사명을 잘 감당하여 하나님을 기쁘시게 해드립시다.

나눔의 시간

1. 오늘 말씀을 통하여 느낀 점을 말해봅시다.
2. 나에게는 어떤 사명이 있으며, 어떻게 그 사명을 감당하고 있는지 말해봅시다.

적용하기

오늘 말씀을 생활에 어떻게 적용할지 말해봅시다.

결단 및 합심기도

1. 지금까지 사명을 소홀히 여기고 잘 감당하지 못한 것들을 회개하며 사명 감당할 수 있기를 다짐하며 기도합시다.
2. 우리 구역 부흥과 전도 대상자를 위하여 기도합시다.

감사 및 알림

헌금 및 기도, 교회 소식, 구역 소식, 다음 모임, 주기도

제5과 기도로 씨름하라

- 본문 / 창세기 32:24-26
- 인사 / 반갑습니다. 사랑합니다. 주님의 이름으로 축복합니다.
- 찬송 / 369, 91장
- 신앙고백 (기도)

말씀읽기

24 야곱은 홀로 남았더니 어떤 사람이 날이 새도록 야곱과 씨름하다가 25 자기가 야곱을 이기
지 못함을 보고 그가 야곱의 허벅지 관절을 치매 야곱의 허벅지 관절이 그 사람과 씨름할 때에
어긋났더라 26 그가 이르되 날이 새려하니 나로 가게 하라 야곱이 이르되 당신이 내게 축복하
지 아니하면 가게 하지 아니하겠나이다

생각하기 / 백만 대군보다 강한 기도의 힘

스코틀랜드의 종교개혁자 존 낙스는 카톨릭 신자인 메리 여왕이 스코틀랜드의 모든 개신교 신자들을 다 죽이라는 명령을 내렸을 때 자기 서재에 들어가서 간절하게 기도했습니다. "하나님이여, 스코틀랜드를 저에게 주십시오. 그렇지 않다면 저를 죽여 주십시오." 그는 죽기 살기로 계속해서 기도했습니다. 그런데 얼마 있지 않아 기독교인들을 죽이려고 했던 메리 여왕이 중병으로 죽었습니다. 메리 여왕은 죽기 전에 "한 사람인 존 낙스의 기도가 백만의 대군보다도 무섭다."라는 유명한 말을 남기고 죽었다합니다. 한 사람의 기도가 민족을 살렸습니다.

말씀 속으로

1. 아버지를 속인 야곱

야곱은 축복을 사모한 사람입니다. 그러나 장자로 태어나지 못하여 장자의 축복을 받을 수 없음을 알고 형의 배고픈 틈을 노려 장자권을 팥죽으로 사고 아버지를 속여 장자권의 축복을 받습니다. 형 에서가 자신의 축복권까지 빼앗아감을 알고 야곱을 죽이려 하자 야곱은 어머니 리브가의 말을 듣고 형의 보복을 두려워하여 고향을 떠나 멀리 아람에 있는 외삼촌의 집으로 피난을 가서 외삼촌 곁에서 가축을 치며 20년을 살았습니다. 야곱은 간교한 방법으로 외삼촌의 양들 중 살진 것은 자기 것으로 만들어 20년 만에 큰 부자가 되었습니다. 그러자 외삼촌의 자녀들이 야곱에 대하여 아버지의 재산을 빼앗은 자로 취급하며 외삼촌도 야곱에 대하여 전과같이 대하지 않고 불편해합니다. 이때 하나님께서 야곱에게 나타나 고향으로 돌아가라고 하셨습니다. 야곱은 거기에서 모은 재물들을 이끌고 고향으로 돌아갑니다.

성경읽기 / 창세기 31:9을 읽고 야곱은 하나님이 무엇을 주셨다고 하는지 말해봅시다.

2. 위기를 맞는 야곱

야곱은 고향길로 가는 도중에 형의 동태를 살피기 위해 앞서 사신들을 보냈습니다. 에서에게 갔던 종들이 돌아와 보고하기를 에서가 400명의 훈련된 군사를 거느리고 야곱을 맞으러 온다는 것입니다. 야곱은 두려움이 생겼습니다. 생사의 위기를 맞게 된 것입니다. 지난날 형의 장자권을 빼앗은 것이 생각납니다. 형의 축복권도 빼앗은 것이 생각납니다. 형이 자기를 죽이고 자기의 모든 재산을 빼앗아 가리라는 생각도 듭니다. 야곱은 인간적인 방법을 모색해 봅니다. 자신의 가축을 둘로 나누어 형 에서가 한 떼를 치면 남은 한 떼를 몰고

도망가리라는 계획을 세우고 형에게 보낼 가축을 세 떼로 나누어 보내며 이 떼들이 무엇이냐고 묻거든 야곱이 형 에서에게 보내는 것이라고 뒤에 야곱이 온다고 전하고 2진과 3진에게도 그렇게 말하라고 했습니다. 이는 많은 선물로 형의 마음을 움직여보려는 것이었습니다. 그러나 야곱의 마음은 불안하기만 했습니다.

성경읽기 / 창세기 32:11을 읽고 야곱이 왜 형 에서를 두려워하는지 말해봅시다

3. 기도로 씨름한 야곱

야곱은 얍복 강가에 도달했습니다. 강만 건너면 형이 군사를 이끌고 오고 있는 곳입니다. 야곱은 도무지 강을 건너갈 수가 없었습니다. 그는 자기의 아내들과 자녀들, 모든 가축들을 먼저 건너보냈습니다. 그리고 자신은 강가에 홀로 남아 밤새 씨름을 하게 됩니다. 야곱이 어떤 사람과 씨름하는데 날이 새려하자 그가 돌아가려고 합니다. 야곱이 그를 붙들고 놓지 않자 그가 야곱의 허벅지 관절을 치니 관절뼈가 부러졌습니다. 그래도 야곱은 나에게 복을 주지 아니하면 가게 하지 아니하겠다고 끝까지 그를 붙들고 매달렸습니다. 그는 이름을 묻고 "이제부터 네 이름을 야곱이라 하지 않고 이스라엘이라 하리라."라고 새 이름을 주었습니다. 이는 하나님과 겨뤄 이겼다는 뜻입니다.

야곱은 그곳에서 하나님을 대면하여 보았다고 하여 그곳 이름을 '브니엘'이라고 하였습니다. 야곱은 기도로 하나님과 씨름하여 승리자가 되었습니다.

성경읽기 / 창세기 33:4을 읽고 에서가 야곱을 만났을 때 어떻게 했는지 말해봅시다.

나가는 말

야곱의 얍복강의 기도로 하나님께서 에서의 마음을 변화시켜 주셨습니다. 기도는 만사를 변화시킵니다. 기도는 지상에서 가장 위대한 힘입니다. 기도하는 사람은 어떤 일에도 절대로 포기하지 않아야 합니다. 아무리 어렵고 힘든 일이 있어도 아직 끝난 것이 아닙니다. 위기를 맞을 때는 기도가 방법입니다.

그리스도인에게 있어서 제일 무서운 실패는 기도하지 않는 것입니다. 기도는 우리의 삶에 기적을 가져옵니다. 어떤 어려움이 있어도 낙심 말고 기도로 씨름하여 문제를 해결 받는 자들이 되십시다.

나눔의 시간

1. 오늘 말씀을 통하여 느낀 점을 말해봅시다.
2. 위기를 기도하여 극복한 경험들이 있으면 서로 나눠봅시다.

적용하기

오늘 말씀을 생활에 어떻게 적용할지 말해봅시다.

결단 및 합심기도

1. 어떤 어려움과 위기가 닥쳐도 낙심하지 않고 기도로 씨름하여 극복할 것을 다짐하며 기도합시다.
2. 우리 구역 부흥과 전도 대상자를 위하여 기도합시다.

감사 및 알림

헌금 및 기도, 교회 소식, 구역 소식, 다음 모임, 주기도

제6과 기도로 소원을 아뢰라

- 본문 / 누가복음 18:3-5
- 인사 / 반갑습니다. 사랑합니다. 주님의 이름으로 축복합니다.
- 찬송 / 361, 393장
- 신앙고백 (기도)

말씀읽기

3 그 도시에 한 과부가 있어 자주 그에게 가서 내 원수에 대한 나의 원한을 풀어 주소서 하되 4
그가 얼마 동안 듣지 아니하다가 후에 속으로 생각하되 내가 하나님을 두려워하지 않고 사람을
무시하나 5 이 과부가 나를 번거롭게 하니 내가 그 원한을 풀어 주리라 그렇지 않으면 늘 와서
나를 괴롭게 하리라 하였느니라

생각하기 / 100달러만 주세요

어떤 돈 많은 부자가 큰 사업 계약을 따내려고 큰 맘 먹고 작정해서 새벽 기도를 나갔습니다. 다른 기도는 하지 않고, "하나님, 이 계약이 잘되게 해주십시오. 이 계약이 잘되게 해주십시오."라고 반복적으로 열심히 기도했습니다. 그런데 누군가 자기보다 더 간절하게 눈물을 흘리며 기도하는 사람이 있었습니다. 들어보니 "하나님, 오늘도 무슨 일을 하든지 100달러만 벌게 해주십시오. 우리 식구가 살아야 합니다. 100달러가 있어야 우리 식구가 삽니다."라는 기도였습니다. 그 기도를 듣고 있던 돈 많은 부자가 그 사람에게 100달러짜리 지폐 한 장을 주면서 "여보시오. 여기 100달러 있으니 가지고 가세요. 그리고 하나님이 다른데 신경 쓰시지 않게 방해하지 말아요." 가난한 사람은 기도 응답을 받았습니다.

말씀 속으로

1. 분명한 목표를 가지고 구한다

본문의 주인공인 가난한 과부는 소원이 있어서 재판관에게 호소했으나 재판관은 불량한 사람이라 그 호소를 들어주지 않았습니다. 그는 사람을 무시하는 자였고 매우 교만한 자였습니다. 그러니 가난한 과부의 부탁 정도는 무시해 버립니다. 과부는 절망할 수밖에 없는 상황입니다. 그런데 그 힘없는 과부는 자기의 소원을 이룹니다. 어떻게 하여 이 과부가 불의한 재판관을 통해 소원을 이루었을까요? 그녀는 재판관에게 분명한 소원을 아뢰었습니다. 그녀의 소원은 내 원수에 대한 원한을 풀어달라는 것입니다. 그녀는 억울한 일을 당했지만 아무도 해결해주지 않았습니다. 그는 소원을 이루기 위해 그 소원을 풀어줄 힘 있는 재판관에게 찾아갔습니다. 우리도 소원을 이루려면 분명한 목표를 가지고 힘 있으신 전능하신 분께 기도해야 합니다. 소원을 이루는 기도는 기도제목이 분명해야 합니다.

성경읽기 / 사무엘상 1:10을 읽고 한나는 무엇을 달라고 기도했는지 말해봅시다.

2. 믿음으로 구하라

문제를 해결 받고 소원을 이루려면 믿음을 가지고 구해야 합니다. 힘없는 과부는 재판관이 자기 문제를 해결해줄 수 있는 분임을 믿었기에 그에게 찾아가서 간구했습니다. 우리의 문제를 해결해줄 수 있는 분은 하나님이십니다. 하나님은 전능하십니다. 불가능이 없으십니다. 불치병도 고치실 수 있고 죽은 자도 살리실 수 있습니다. 문제는 우리에게 믿음이 없다는 것입니다. 주님께서는 "믿는 자에게는 능치 못할 일이 없느니라."라고 하셨습니다.(막 9:23)

교회에 처음 나간 청년이 마태복음 17장 20절의 겨자씨만 한 믿음이 있으면 산을 옮길 수 있다는 내용의 설교를 듣고 그의 집 뒷산의 눈사태 때문에 어려움을 겪는데 그 산을 옮겨 보겠다고 믿음으로 기도하기 시작했습니다. 기도한 지 40일째 되던 날 싱글벙글 웃으며 목사님께 와서 하는 말이 "목사님, 20세기는 산을 번쩍 들어서 옮기는 것이 아니라 기계로 옮기시더군요."라고 하고는 새로 생긴 고속도로에 흙이 필요하다고 하며 큰 트럭들이 와서 그 흙을 실어가 산이 거의 다 없어져 간다고 하였습니다.

성경읽기 / 야고보서 1:6을 읽고 어떻게 구하라고 하였는지 말해봅시다

3. 끈질기게 간구해야 한다

힘없는 과부는 재판관만이 내 문제를 해결할 수 있다는 믿음을 가지고 날마다 찾아가서 원한을 풀어달라고 간청을 합니다. "내 원한 풀어주소서." 재판관은 처음에는 무시하고 듣지 않았는데 날마다 와서 간청을 하니 귀찮고 번거로웠습니다. 그래서 재판관은 과부의 청원을 들어주어야겠다, 그 원한을 들어주어야 하겠다고 말했습니다.(눅 18:4-5) 주님은 말씀하십니다. 불의한 재판관도 계속 청원하니까 들어주었는데 "하물며 하나님께서 밤낮 부르짖는 택하신 자들의 기도를 들어 주시지 않겠느냐 오래 참으시겠느냐 속히 그 원한을 풀어주시리라."(눅 18:7) 소원을 이루려면 인내를 가지고 끈질기게 기도해야 합니다.

성경읽기 / 골로새서 4:2을 읽고 무엇에 항상 힘쓰고 무엇에 감사함으로 깨어있으라고 했는지 말해봅시다.

나가는 말

사람마다 문제가 있고 소원이 있습니다. 인간의 힘으로 할 수 없는 문제는 하나님 아버지께 구해야 합니다. 주님께서는 "내 이름으로 무엇이든지 원하는

대로 구하라."라고 기도의 특권을 주셨습니다. 기도는 하늘 문을 여는 열쇠요 문제 해결의 열쇠입니다. 구할 때 믿음으로 구해야 합니다. 문제가 해결될 때까지 인내를 가지고 끈질기게 구해야 합니다. 기도하다가 응답이 없다고 쉽게 포기하지 말아야 합니다. 주님은 항상 기도하고 낙망치 말라고 하셨습니다. 어떤 어려운 문제가 있을지라도 낙망치 말고 인내를 가지고 끈질기게 기도하여 응답받고 문제 해결 받고 소원을 이루는 기도의 사람들이 되십시다.

나눔의 시간

1. 오늘 말씀을 통하여 느낀 점을 말해봅시다.
2. 기도로 문제를 해결받은 체험들이 있으면 나눠봅시다.

적용하기

오늘 말씀을 생활에 어떻게 적용할지 말해봅시다.

결단 및 합심기도

1. 문제가 있을 때 밤낮 기도하여 해결 받을 것을 다짐하며 기도합시다.
2. 우리 구역 부흥과 전도 대상자를 위하여 기도합시다.

감사 및 알림

헌금 및 기도, 교회 소식, 구역 소식, 다음 모임, 주기도

제7과 부르짖는 기도를 하라

- 본문 / 예레미야 33:2-3
- 인사 / 반갑습니다. 사랑합니다. 주님의 이름으로 축복합니다.
- 찬송 / 364, 393장
- 신앙고백 (기도)

말씀읽기

2 일을 행하시는 여호와, 그것을 만들며 성취하시는 여호와, 그의 이름을 여호와라 하는 이가
이와 같이 이르시도다 3 너는 내게 부르짖으라 내가 네게 응답하겠고 네가 알지 못하는 크고
은밀한 일을 네게 보이리라

생각하기 / 전영창 거창고교 교장

그는 미국 유학을 마치고 돌아와 시골의 학교를 하나 맡았습니다. 그 학교가 거창고등학교입니다. 그런데 부채가 너무 많아 아무리 갚으려고 애를 써도 갚을 수 없었습니다. 마침내 1958년 학교가 넘어가게 되었습니다. 아무 방법이 없었습니다. 그래서 성경 찬송과 담요 하나를 들고 산마루에 있는 굴속에 들어가 일주일 금식 기도를 시작했습니다. "하나님, 해결해 주세요." 사흘 동안 부르짖어 기도했습니다. 사흘이 지나도 응답이 없습니다. 가슴이 답답합니다. 일주일 금식 기도를 마치고 내려오니 학교로 편지가 하나 왔습니다. 조우 복이라는 미국 성도가 수표 하나를 보내왔습니다. 2,050불, 당시에 부채를 갚을 수 있는 정확한 금액이었습니다. 기도 응답을 체험한 그는 이번에는 학교 강당 건물을 위해 기도했습니다. "하나님, 도와주십시오." 이번에는 미국 수정교회에서 로버트 슐러 목사가 22만 불짜리 수표를 보내왔습니다. 그것이 오늘의 거창고등학교를 만들었습니다.

말씀 속으로

1. 위급할 때 부르짖어라

사람은 위급한 일이 닥칠 때 부르짖습니다. 집에 화재가 발생했을 때 "불이야!"라고 소리칩니다. 사람이 물에 빠져 죽어갈 때 "사람 살려!"하고 소리 지릅니다. 도둑이 집에 들어오는 것을 본다면 "도둑이야!"하고 소리 지릅니다. 이것이 부르짖는 것입니다.

하나님께서는 기도할 때도 부르짖으라고 말씀하십니다. 부르짖을 때 응답해 주시겠다고 하십니다. 다윗은 위기 때마다 하나님께 부르짖는 기도를 하였습니다. "나의 왕, 나의 하나님이여 내가 부르짖는 소리를 들으소서 내가 주께 기도하나이다."(시 5:2) 다윗이 아들 압살롬의 반역을 피하여 피난생활을 할 때도 하나님께 부르짖으니 하나님께서 성산에서 응답하신다고 하였습니다.(시 3:4) 다윗은 환난 중에 여호와께 부르짖었더니 그의 성전에서 내 소리를 들으셨다고 하였습니다.(시 18:5) 위급할 때는 부르짖는 기도를 해야 속히 응답이 옵니다.

성경읽기 / 민수기 12:13을 읽고 모세는 무엇을 위해 하나님께 부르짖었는지 말해봅시다.

2. 소경의 부르짖음

예수님이 여리고에 이르렀을 때 길거리에서 구걸하던 소경 바디매오는 "다윗의 자손 예수여 나를 불쌍히 여기소서."하고 예수님께 부르짖었습니다. 얼마나 크게 부르짖었는지 지나가던 사람들이 시끄럽다고 제재를 하였습니다. 그런데도 바디매오는 더욱 큰소리로 "다윗의 자손 예수여 나를 불쌍히 여겨 달라."(막 10:48)라고 부르짖었습니다. 그때 예수님께서 발걸음을 멈추시고 제자들에게 그를 부르라고 명하셨습니다. 제자들이 가서 소경에게 예수님이 부르신다고 하니 소경은 겉옷을 던져버리고 예수님께로 뛰어갔습니다. 예수님께서 "네게 무엇하여 주기를 원하느냐." 묻자, 그는 "보기를 원하나이다."라고 고백합니다. 예수님은 네 믿음이 너를 구원하였다고 하시며 소경의 눈을 뜨게 해 주셨습니다. 바디매오는 부르짖어서 응답받았습니다.

성경읽기 / 시편 50:15을 읽고 언제 주를 부르라고 했는지 말해봅시다

3. 가나안 여인의 부르짖음

예수님께서 두로와 시돈 지방에 들어가셨을 때 이방인인 가나안 여인이 예수님을 향하여 "주 다윗의 자손이여 나를 불쌍히 여겨주소서 내 딸이 흉악한 귀신이 들렸나이다."라며 부르짖었습니다. 예수님은 들은 척도 하지 않으시고 지나갔습니다. 그러나 여인은 계속 소리 지르며 따라옵니다. 제자들이 "여인을 돌려보내소서."하고 예수님께 간청합니다. 이때 예수님은 "나는 이스라엘 집의 잃어버린 양 외에 다른 데로 보내심을 받지 아니했다."라고 거절을 합니다. 그래도 여인은 계속 도와달라고 부르짖습니다. 예수님은 한마디 더 하셨습니다. "자녀의 떡을 취하여 개에게 던짐이 마땅치 않다." 그러자 여인은 "옳습니다. 하오나 개도 주인의 상에서 떨어지는 부스러기를 먹습니다."라며 부스러기라도 달라고 간청합니다. 예수님은 그 여인의 믿음을 보시고 그 딸을 고쳐 주셨습니다. 끝까지 부르짖을 때 응답을 받습니다.

성경읽기 / 시편 30:2을 읽고 다윗을 언제 고쳐주셨다고 하였는지 말해봅시다.

나가는 말

예레미야 33장 3절은 하나님이 주신 긴급구조 번호입니다. 문제가 있을 때 렘 333을 기억하고 활용하면 문제를 해결 받습니다. 부르짖는 기도는 신속한

응답을 가져옵니다. 모세나 사무엘, 다윗, 예레미야 등 모든 믿음의 위인들은 부르짖는 기도를 많이 하였습니다. 다윗은 환난 날에 주께 부르짖으리니 주께서 내게 응답하시리라고 고백하며 하나님은 부르짖는 자에게 인자하심이 후하시다고 하였습니다.(시 86:5, 7) 부르짖는 기도로 문제를 해결 받으시기 바랍니다.

나눔의 시간

1. 오늘 말씀을 통하여 느낀 점을 말해봅시다.
2. 나는 조용히 하는 기도와 부르짖는 기도 중 어느 기도를 더 많이 하는지, 왜 그 기도를 더하는지 나눠봅시다.

적용하기

오늘 말씀을 생활에 어떻게 적용할지 말해봅시다.

결단 및 합심기도

1. 부르짖는 기도를 하지 못한 것을 회개하며 부르짖는 기도를 많이 할 것을 다짐하며 기도합시다.
2. 우리 구역 부흥과 전도 대상자를 위하여 기도합시다.

감사 및 알림

헌금 및 기도, 교회 소식, 구역 소식, 다음 모임, 주기도

제8과 기도 응답의 약속

- 본문 / 마태복음 7:7-11, 요한복음 14:13-14
- 인사 / 반갑습니다. 사랑합니다. 주님의 이름으로 축복합니다.
- 찬송 / 365, 546장
- 신앙고백 (기도)

말씀읽기

7 구하라 그리하면 너희에게 주실 것이요 찾으라 그리하면 찾아낼 것이요 문을 두드리라 그리하면 너희에게 열릴 것이니 8 구하는 이마다 받을 것이요 찾는 이는 찾아낼 것이요 두드리는 이에게는 열릴 것이니라 9 너희 중에 누가 아들이 떡을 달라 하는데 돌을 주며 10 생선을 달라 하는데 뱀을 줄 사람이 있겠느냐 11 너희가 악한 자라도 좋은 것으로 자식에게 줄 줄 알거든 하물며 하늘에 계신 너희 아버지께서 구하는 자에게 좋은 것으로 주시지 않겠느냐

생각하기 / 보증 수표 – 기도

대학생 선교회 (C.C.C) 김준곤 목사의 간증입니다. 사랑방 성경학교 요원훈련을 위해 수만 달러의 돈이 필요했습니다. 기도하면 할수록 그 일은 하나님께서 맡기신 일이라는 확신이 들었습니다. 그래서 미국의 친구를 찾아가 3일을 졸랐는데 허탕이었습니다. 마지막 용기를 내어 붙잡고 도움을 청했더니 둘 중의 하나를 택하라고 말하더랍니다. 자신의 보증수표와 하나님의 보증수표입니다. 김 목사는 당연히 하나님의 보증수표를 달라고 했습니다. 그랬더니 요한일서 5장 14절 "그의 뜻대로 무엇을 구하면 들으심이라."는 말씀을 읽어주었습니다. 처음에는 화가 났지만 하나님의 보증수표를 믿고 기도했습니다. 하나님께서 쓰고 남을 만큼 필요한 돈을 주셨다고 했습니다.

말씀 속으로

1. 구하라

성경에는 수많은 약속들이 있습니다. 믿는 자에게는 구원을 주시겠다고 약속하셨고(행 16:31), 하나님을 찾는 자에게는 만나주시겠다고 약속하셨고(렘 29:13), 회개하는 자에게는 용서해 주시겠다고 약속하셨습니다. 수많은 약속 가운데 우리의 삶 가운데 가장 필요하고 중요한 약속은 기도 응답의 약속입니다. 하나님은 구하는 자에게 주시겠다고 약속하셨습니다. 그런데 구하면서도 약속을 믿지 않습니다.

역사가 H.C 웰즈가 쓴 단편집 『대주교의 기도 죽음』이란 글이 있습니다. 어느 대주교가 밤에 습관처럼 성당에 들어가 기도를 드리는데, 갑자기 눈앞에 빛이 보이면서 신비한 음성이 들려 왔습니다. "내가 네 기도를 듣는데, 그래 무슨 일이냐?" 그 소리에 너무 놀란 나머지 대주교는 심장마비로 죽고 말았다는 이야기입니다.

평생을 기도했던 대주교지만, 형식적인 기도를 하였기에 막상 하나님의 음성을 듣게 되자 놀라서 죽어버리고 말았다는 것입니다.

우리는 기도 응답의 약속을 믿고 믿음으로 구해야 합니다.

성경읽기 / 요한복음 14:14을 읽고 어떻게 구할 때 주님이 시행해주시겠다고 하였는지 말해봅시다.

2. 찾으라

찾으라는 말은 구한 다음에 행동으로 옮기라는 것입니다. 일자리를 구했으면 일자리를 찾아 나서라는 말입니다. 마치 광부가 광맥을 찾아 온 산을 뒤지는 것과 같이, 또는 온천을 찾아 산야를 헤매는 탐구자와 같이 찾아야 찾아지는 것입니다. 하나님이 주시기를 기다려야 할 때도 있지만 찾아 나서야 합니다. 하나님은 찾는 자가 찾을 것이라고 하셨습니다.(마 7:7) 누가복음 15장에는 잃은 것들을 찾는 비유가 나옵니다. 양 100마리 가운데 한 마리를 잃었을 때 목동은 잃은 양 한 마리를 찾아 나섭니다. 열 드라크마 가운데 한 드라크마를 잃은 자도 하나를 찾기 위해 온 집안을 다 쓸며 찾는다고 하였습니다. 잃은 아들을 찾기 위해 날마다 밖에 나가 기다리는 아버지의 모습도 나옵니다. 그들은 모두 찾았습니다. 하나님은 찾는 자가 찾아낼 것이라고 했습니다. 필요한 것을 구했으면 이제 찾아 나서기 바랍니다.

성경읽기 / 잠언 8:17을 읽고 어떤 자가 사랑을 입으며 어떤 자가 나를 만날 것이라고 하였는지 말해봅시다.

3. 두드리라

두드리는 것은 기도 후에는 기도한 대로 행동에 옮기는 것을 말합니다. 현장에서 직접 부딪히는 것을 말합니다. 직장을 구했으면 직장 문을 두드려야 열립니다. 전도를 위해서 기도했으면 전도 대상자를 찾고 전도의 문을 두드려야 합니다. "하나님! 교회의 빈자리가 속히 채워지게 하소서!" 라고 기도하였는데 전도하지 않으면 죽은 기도가 됩니다. 실제로 사람을 만나서 전도하는 것이 두드리는 것입니다. 주님은 두드리는 자에게 열릴 것이라고 했습니다. 기도는 단순한 호소가 아니라 구체적인 삶의 실천입니다. 학생이 공부는 안 하고 좋은 대학에 붙게 해달라고 기도하는 것은 잘못된 기도입니다. 좋은 대학에 붙으려면 수고의 땀을 흘려야 합니다. 어떤 분이 복권을 사면서 "하나님! 이번에 1등에 당첨되게 해주세요. 절반을 건축헌금으로 드리겠습니다." 라고 기도한다면 하나님은 듣지 않으십니다.

성경읽기 / 누가복음 11:5을 읽고 어떻게 두드리는지 말해봅시다.

나가는 말

매일 새벽 기도를 드리는 구두쇠가 있었습니다. "사랑의 하나님! 가난한 자에게 쌀을 주시고, 병든 자에게는 건강함을, 굶주린 사람들에게는 양식을…." 어느 날 아버지의 기도를 듣던 아들이 아버지의 금고를 열고 돈을 꺼내어 어려운 사람들에게 나누어 주었습니다. 새벽 기도를 끝내고 돌아온 구두쇠는, 금고가 열려 있고 돈이 몽땅 없어진 것을 보고 깜짝 놀랐습니다. 그러자 아들이 아버지에게 태연하게 말했습니다. "아버지! 아버지의 기도가 응답을 받은 거예요!"

기도는 구하고, 찾고, 두드리는 것입니다. 하나님은 구하는 자에게 주시고, 찾는 자에게 찾게 하시고, 두드리는 자에게 열리게 하십니다.

나눔의 시간

1. 오늘 말씀을 통하여 느낀 점을 말해봅시다.
2. 나는 구하고, 찾고, 두드리는 것 중 어느 것을 잘하는지 나눠봅시다.

적용하기

오늘 말씀을 생활에 어떻게 적용할지 말해봅시다.

결단 및 합심기도

1. 나는 구하기만 하고 찾고 두드리는 일은 소홀히 하지 않았는지 생각하며 구한 다음 찾고 두드리는 일에 힘쓸 것을 기도합시다.
2. 우리 구역 부흥과 전도 대상자를 위하여 기도합시다.

감사 및 알림

헌금 및 기도, 교회 소식, 구역 소식, 다음 모임, 주기도

제9과 복음을 전하라

- 본문 / 마가복음 16:15-16
- 인사 / 반갑습니다. 사랑합니다. 주님의 이름으로 축복합니다.
- 찬송 / 449, 546장
- 신앙고백 (기도)

말씀읽기

15 또 이르시되 너희는 온 천하에 다니며 만민에게 복음을 전파하라 16 믿고 세례를 받는 사람
은 구원을 얻을 것이요 믿지 않는 사람은 정죄를 받으리라

생각하기 / 코카콜라의 세계정복

세계적인 기업인 코카콜라는 '코카콜라 식민지화' 라는 전략을 가지고 있습니다. 모든 나라에 코카콜라 지사를 세우겠다는 전략입니다. 유엔 가입국 수보다 코카콜라 지사가 있는 나라의 수가 더 많습니다. 미국이 수교하고 있는 나라보다 코카콜라가 들어가 있는 나라가 더 많습니다. 그래서 "코카콜라가 길을 뚫으면 그 뒤를 미국 대사가 따라 들어간다." 라는 말이 생길 정도입니다. 코카콜라를 마시는 데에는 계절이 없습니다. 100년이 조금 넘은 코카콜라와 2000년 된 복음을 비교하면 우리는 부끄러움을 느껴야 합니다. 코카콜라는 초마다 4만 명의 입에 넣어집니다. 코카콜라는 건강을 해치지만, 복음은 영생을 주는 것입니다. 영원한 생명을 주는 복음 전도를 위해 우리도 '예수 식민지화' 전략을 세워야 할 것입니다.

말씀 속으로

1. 복음을 알아야 한다

복음이란 '복된 소식, 좋은 소식' 입니다. 복음은 하나님의 아들이 우리를 구원하시려고 이 땅에 오셔서 우리가 받을 형벌을 대신 받음으로 우리를 살게 해주셨다는 소식입니다. 인류는 모두 죄 가운데 빠져 죽게 되고 영원히 불타는 지옥형벌을 받게 되었습니다. 아무도 건져주는 자가 없습니다. 살려줄 자가 없습니다. 모두 자기 죄 문제로 죽게 되고 지옥 불 속에 던져지게 되었습니다. 인류의 운명은 비참한 상태에 빠진 것입니다. 그런데 하나님께서 죄에 빠진 인류를 구하시려고 독생자 예수님을 보내셨습니다. 예수님은 인류를 구원하기 위해 이 땅에 오셔서 인류의 죗값을 대신 지고 죽으심으로 인류가 사는 길을 열어놓으셨습니다. 이것이 복음입니다. 예수님이 죄에 빠진 우리를 구원하러 오셨다는 소식이 복음입니다. 누구든지 예수님을 믿으면 구원받는다는 소식이 복음이요 기쁜 소식입니다.

성경읽기 / 요한복음 3:16을 읽고 왜 하나님이 독생자를 주셨는지 말해봅시다.

2. 복음을 믿어야 한다

예수님께서 세례 요한이 잡히신 후 갈릴리에 오셔서 하나님의 복음을 전파하시기를 "때가 찼고 하나님의 나라가 가까이 왔으니 회개하고 복음을 믿으라."(막 1:15)라고 하셨습니다. 복음은 예수님이 복음이요, 예수님이 하신 일이 복음입니다. 복음을 믿는다는 것은 구원의 기쁨의 소식인 예수님을 믿는 것입니다. 예수님께서 하나님의 아들이심을 믿는 것이며, 예수님이 우리 죄를 대신 지고 십자가에서 피 흘려 죽으신 것을 믿는 것입니다. 또한, 예수님이 다시 살아나셨음을 믿는 것이요, 승천하시고 다시 오실 것을 믿는 것입니다. 이 복음을 믿으면 구원을 받게 됩니다. 하나님께서는 하나님이 보내신 독생자 예수님

을 믿으면 멸망치 않고 영생을 얻으리라고 하셨습니다(요 3:16)

또한, 믿는 자에게 하나님의 자녀가 되는 권세를 주셨고 하나님의 나라를 선물로 주셨습니다. 믿는 자에게는 영원히 사는 생명을 선물로 주십니다.(요 5:24)

성경읽기 / 요한복음 3:17을 읽고 하나님이 그 아들을 세상에 보내신 이유를 말해봅시다.

3. 복음을 전해야 한다

예수님께서 이 땅에 오셔서 제일 먼저 외치신 말씀은 "때가 찼고 하나님의 나라가 가까이 왔으니 회개하고 복음을 믿으라."(막 1:15)라고 하신 것입니다. 그리고 하늘로 가시면서 복음을 전하라는 명을 내리고 가셨습니다. 그러므로 예수님을 믿는 그리스도인들은 복음을 믿고 복음을 전해야 합니다. 바울 사도는 전하는 자가 없으면 들을 수 없고 듣지 못하면 믿을 수가 없다고 하였습니다.(롬 10:14-15) 누가복음 16장에 지옥에 간 부자는 나사로를 보내서 형제 다섯에게 이 고통 받는 곳에 오지 않도록 전해달라고 간청을 했을 때, 아브라함은 땅에는 모세와 선지자들(복음을 전하는 자들)이 있으니 그들에게 들으면 된다고 하였습니다.(눅 16:29) 우리가 전하는 복음을 듣고 믿으면 구원받게 된다는 말씀입니다. 그러므로 예수를 전하는 일을 우리가 해야 합니다. 복음 전하는 일은 다른 사람에게 양보하지 말고 우리가 해야 합니다.

성경읽기 / 로마서 10:15을 읽고 무엇이 아름답다고 했는지 말해봅시다.

나가는 말

어떤 사람이 한 달 동안에 여섯 명의 신자를 전도했으며, 6개월 만에 30여

명의 사람들을 교회로 인도하였습니다. 그 때문에 그 사람이 교회에서 전도에 대해 간증을 하게 되었는데 그의 간증은 이러했습니다. "저는 단지 이웃 사람의 집을 방문하여 그 사람을 전도 대상자로 분류하고 이름을 알아내어 수첩에 적었으며 매일 그 사람의 이름을 불러 가면서 기도했을 뿐입니다. 그 사람을 교회로 인도한 분은 하나님이십니다."

전도하려면 먼저 기도가 선행되어야 합니다. 전도 대상자를 찾아 그 영혼을 위해 기도해야 합니다. 성도들이 가장 힘써야 할 일은 생명을 살리는 일입니다.

나눔의 시간

1. 오늘 말씀을 통하여 느낀 점을 말해봅시다.
2. 복음이 무엇인지 서로 복음에 대하여 나눠봅시다.

적용하기

오늘 말씀을 생활에 어떻게 적용할지 말해봅시다.

결단 및 합심기도

1. 금년에 전도 대상을 정하고 그들을 위해 기도하며 전도할 것을 다짐하며 기도합시다.
2. 우리 구역 부흥과 전도 대상자를 위하여 기도합시다.

감사 및 알림

헌금 및 기도, 교회 소식, 구역 소식, 다음 모임, 주기도

제10과 전하지 아니하면

- 본문 / 고린도전서 9:16-17, 에스겔 3:17-19
- 인사 / 반갑습니다. 사랑합니다. 주님의 이름으로 축복합니다.
- 찬송 / 450, 522장
- 신앙고백 (기도)

말씀읽기

16 내가 복음을 전할지라도 자랑할 것이 없음은 내가 부득불 할 일임이라 만일 복음을 전하지 아니하면 내게 화가 있을 것이로다 17 내가 내 자의로 이것을 행하면 상을 얻으려니와 내가 자의로 아니한다 할지라도 나는 사명을 받았노라

생각하기 / 네 책임이다

히틀러 정권에 항거하다가 8년 동안 옥고를 치른 마르틴 미네르 목사님이 『전쟁백서』를 발표했는데 그의 책에 나온 간증입니다. 전쟁이 끝날 무렵 어느 날 미네르 목사가 일곱 번이나 똑같은 꿈을 꾸었는데, 많은 사람들이 한 줄로 서서 하나님의 심판을 받는데 한 사람도 뒤를 돌아보지 못하고 자신의 죄를 하나님께 고백하며 용서를 구하는 것입니다. 그런데 어떤 한 사람이 죄를 고백하지도 않고 회개도 하지 않고 자꾸 변명을 하더랍니다. 그가 누구인가 보니 히틀러였답니다. 그때 하나님께서 미네르 목사에게 "히틀러가 이렇게 된 것이 바로 네 책임이다. 네가 8년 동안 히틀러 정권에 항거만 했지 한 번이나 그에게 전도했느냐? 네가 히틀러에게 전도했더라면 그가 무서운 폭군이 되어 전쟁을 일으키지 않았을 것이다. 전쟁을 일으킨 죗값이 바로 네가 전도하지 않은 데 있다."라고 하시더랍니다. 그래서 이 목사님이 통곡하면서 눈물로 쓴 책이 『전쟁백서』입니다.

말씀 속으로

1. 전도는 생명을 살리는 것이다

세상에서 가장 귀한 일은 생명을 살리는 일입니다. 사람에게는 두 종류의 생명이 있습니다. 육체의 생명과 영혼의 생명입니다. 육체의 생명은 유한합니다. 이 땅에서 70년, 80년, 길어야 100년입니다. 그러나 영혼의 생명은 영원한 것입니다. 70년, 80년 사는 육체의 생명도 소중합니다. 그러나 영원히 사는 영혼의 생명은 더욱 소중합니다. 육체의 생명을 잃는다 해도 영혼의 생명을 얻는다면 그 사람은 축복 받은 사람입니다. 그런데 영혼의 생명을 얻지 못한 사람은 이 세상에서 많은 재산과 명예와 권력을 얻었다고 할지라도 불행한 사람입니다. 전도는 생명을 살리는 일입니다. 전도를 받아들이면 영생을 얻고 거부하면 영벌을 받습니다. 영생을 얻으면 천국에 들어가지만 영벌을 받는 사람은 영원히 꺼지지 않는 지옥 불에 떨어집니다. 이 땅에 많은 사람들은 이 사실을 모르고 멸망으로 가고 있습니다. 주님은 이들을 살려내라고 하십니다.

성경읽기 / 마태복음 16:26을 읽고 천하보다 귀한 것이 무엇인지 말해봅시다.

2. 전도는 부득불 해야 할 일이다

하나님께서 에스겔에게 내 말을 듣고 이스라엘 백성들에게 가서 듣든지 아니 듣든지 전하라고 하셨습니다. 하나님께서 악인에게 네가 죽으리라 할 때 그에게 알리지 아니하고 깨우치지 아니해서 그가 악한 길을 떠나 생명을 구원하게 하지 아니하면 그 악인은 죄 가운데 죽게 되지만 하나님께서는 그의 피 값을 전하지 아니한 사람에게서 찾으신다고 하셨습니다. 그러나 알렸는데도 그가 악한 행위와 악한 길에서 돌이키지 아니하면 그는 죄악 중에서 죽게 되고 전한 사람을 책임을 다했기에 생명을 보존하리라고 하셨습니다.(겔 3:17-19) 하나님께서 에스겔을 이스라엘의 파수꾼으로 세워 사명을 맡기신 것처럼 오늘 우리도 이 시대의 파수꾼입니다. 파수꾼의 사명은 하나님의 뜻을 전하는 것입니다. 예수 그리스도를 믿고 구원받지 않으면 영원히 멸망한다는 사실을 전해야 합니다. 이는 하나님께서 명하신 일이니 하기 싫어도 반드시 해야 할 일입니다.

성경읽기 / 디모데후서 4:2을 읽고 때를 얻든지 못 얻든지 무엇을 항상 힘쓰라고 하였는지 말해봅시다.

3. 전하지 아니하면 화가 미친다

바울 사도는 본래 예수님을 대적했던 사람입니다. 그러나 그는 다메섹 도상에서 예수님을 만나고 이방인에게 예수님을 전할 사명을 받았습니다. 그는 다메섹에 가서 눈을 치료받은 후부터 즉시로 예수님을 전하기 시작했습니다. 그는 예수님을 전하다가 죽을 고비를 수없이 당했습니다. 고린도 성도들에게 보낸 서신에서 "옥에 갇히기도 많이 하고 매도 수없이 맞고, 여러 번 죽을 뻔하였으며, 사십에서 하나 감한 매를 다섯 번 맞고, 세 번 태장으로 맞고, 한 번 돌로 맞고, 강도의 위험으로 여러 번 죽을 고비를 당했다."고 하였습니다.(고후 11:23-26) 그러면서도 복음을 전했습니다. 그는 복음을 전할지라도 자랑할 것이 없음은 부득불 할 일이라 만일 복음을 전하지 아니하면 내게 화가 미칠 것이라고 하였습니다.(고전 9:16) 하나님은 우리가 전도하지 않는다면 멸망자의 피 값을 우리에게서 찾으신다고 하셨습니다. 그러므로 전도는 반드시 해야 할 우리의 일입니다.

성경읽기 / 사도행전 9:20을 읽고 바울이 언제 뭐라고 전했는지 말해봅시다.

나가는 말

지금도 우리 주위에는 수많은 사람들이 예수님을 모르고 지옥 길로 가고 있습니다. 주님은 우리에게 그들을 살려내라고 하십니다. 생명은 천하보다 귀합니다. 우리는 생명 살리는 일에 힘써야 합니다. 생명을 살리기 위해 시간을 투자하고, 물질을 투자하고, 사랑을 베풀며 섬겨야 합니다. 하나님은 생명 살리는 일을 가장 기뻐하십니다. 생명 살리는 자들에게는 상급을 주시지만, 생명을 외면하면 그의 피 값을 그에게서 찾겠다고 하십니다. 우리는 복음을 전하여 죽어가는 생명을 살리므로 하나님을 기쁘시게 해드리는 자들이 되십시다.

나눔의 시간

1. 오늘 말씀을 통하여 느낀 점을 말해봅시다.
2. 파수꾼의 사명에 대하여 서로 나눠봅시다.

적용하기

오늘 말씀을 생활에 어떻게 적용할지 말해봅시다.

결단 및 합심기도

1. 파수꾼으로 하나님의 말씀을 전하지 못한 것을 회개하며 이제 하나님의 말씀을 듣고 전할 것을 다짐하며 기도합시다.
2. 우리 구역 부흥과 전도 대상자를 위하여 기도합시다.

감사 및 알림

헌금 및 기도, 교회 소식, 구역 소식, 다음 모임, 주기도

제11과 가까운 마을로 가자

- 본문 / 마가복음 1:35-39
- 인사 / 반갑습니다. 사랑합니다. 주님의 이름으로 축복합니다.
- 찬송 / 440, 502장
- 신앙고백 (기도)

말씀읽기

35 새벽 아직도 밝기 전에 예수께서 일어나 나가 한적한 곳으로 가사 거기서 기도하시더니 36
시몬과 및 그와 함께 있는 자들이 예수의 뒤를 따라가 37 만나서 이르되 모든 사람이 주를 찾
나이다 38 이르시되 우리가 다른 가까운 마을들로 가자 거기서도 전도하리니 내가 이를 위하
여 왔노라 하시고 39 이에 온 갈릴리에 다니시며 그들의 여러 회당에서 전도하시고 또 귀신들
을 내쫓으시더라

생각하기 / 부흥되는 교회와 안 되는 교회의 차이

미국 워싱턴에 두 교회가 있습니다. 한 교회는 개척한 지 수년이나 지났는데도 10명의 성도들만이 모이는 교회요, 다른 교회는 개척한지 얼마 안 되어서 크게 부흥하고 있는 교회입니다. 어떤 사람이 두 교회를 비교 조사해 보았는데. 부흥이 안 되는 교회의 목사님과 성도들은 참으로 진실하고 성실하였지만, 그들은 "교회는 사람만 많다고 되는 것이 아니라 진실한 성도가 몇 명이냐가 중요하다."라는 생각을 갖고 있었습니다. 반면에 부흥하는 교회의 목사님과 성도들은 "교회는 날마다 부흥해야 한다. 교회에는 사람들이 많아야 신실한 분도 많다."라는 생각을 갖고 열심히 전도하므로 부흥하게 되었던 것입니다.

말씀 속으로

1. 전도를 위해 오신 예수님

성경은 곳곳에서 예수님이 오신 목적을 밝혀주고 있습니다. 요한은 "하나님이 자기의 독생자를 세상에 보내신 것은 저로 말미암아 세상을 구원하려 함이라."(요 3:17)라고 말하였습니다. 예수님께서도 친히 말씀하시기를 "인자의 온 것은 잃어버린 자를 찾아 구원하려 함이니라."(눅 19:10)라고 하셨으며 또한 "내가 온 것은 양으로 생명을 얻게 하고 더 풍성히 얻게 하려는 것이라."(요 10:10)라고 하셨습니다. 그런데 오늘 말씀에서는 예수님께서 전도를 위해서 오셨다고 하셨습니다.(막 1:38) 세상을 구원하러 오셨다는 말과 잃어버린 자를 찾아 구원하려 함이라는 말씀과 전도를 위해 오셨다는 말씀은 모두 같은 의미입니다. 예수님이 오신 목적은 잃어버린 자기 백성을 구원하러 오셨습니다. 죄인들을 구원하기 위하여 죄인들의 죗값을 대신 지고 죽으셨습니다. 이제 그 예수님을 믿음으로 죄를 용서받고 구원받게 됩니다. 구원의 길을 알리는 것이 전도입니다. 하나님은 전도를 통하여 믿는 자들을 구원하십니다.(고전 1:21)

성경읽기 / 누가복음 19:10을 읽고 잃어버린 자가 누구인지 말해봅시다.

2. 예수님의 전도의 준비

예수님께서는 전도하시기 전에 먼저 기도하셨습니다. "새벽 아직도 밝기 전에 예수께서 일어나 나가 한적한 곳으로 가사 거기서 기도하시더니."(막 1:35) 예수님은 하나님이시므로 기도할 필요가 없습니다. 그럼에도 불구하고 예수님의 모든 사역에는 항상 기도가 있었습니다. 예수님은 기도로 준비하시고 기도로 계획하시고 기도로 이루셨습니다. 예수님께서 전도를 나가기 전에 먼저 기도하신 것은 우리가 전도의 사명을 감당하기 위해선 반드시 기도해야 함을 보여주신 것입니다. 전도는 내 능력과 내 언변과 내 힘으로 하는 것이 아니기 때문입니다. 전도는 영적인 싸움입니다. 사탄에게 매여 있는 자들을 끌어내는 것입니다. 그러므로 영적으로 무장하지 아니하면 전도가 힘듭니다. 기도는 하나님의 능력을 공급받아 영적으로 무장하는 일입니다. 그러므로 전도하기 전에 먼저 기도로 무장해야 합니다.

성경읽기 / 고린도후서 4:4을 읽고 세상신이 어떤 일을 하는지 말해봅시다.

3. 가까운 마을로 가라

예수님은 "우리가 다른 가까운 마을들로 가자 거기서도 전도하리니 내가 이를 위하여 왔노라."(막 1:38)라고 하신 후 가까운 마을에 가셔서 전도하셨습니다. 예수님의 전도지역은 가까운 마을입니다. 예수님의 일상생활은 전도를 중심으로 계획을 짜고, 그 계획에 따라 일관성 있게 움직이셨습니다. 예수님은 하늘로 승천하시기 전에 제자들에게 성령이 임하시면 권능을 받고 예루살렘부터 복음의 증인으로 전도할 것을 말씀하셨습니다. 오늘 우리도 가까운 데서부터 전도해야 합니다. 가까운 곳이 어디입니까? 가족입니다. 가족과 친지, 친구, 이웃 앞집, 뒷집, 옆집, 윗집에서부터 전도를 시작해야 합니다. 그리고 점점 지역을 넓혀가야 합니다. 우리 동네하고 다음 옆 동네로 가서 전도해야 하는 것입니다.

성경읽기 / 요한복음 4:28-29을 읽고 예수님을 만난 여인은 어디 가서 예수님을 전했는지 말해봅시다.

나가는 말

예수님이 이 땅에 오신 목적이 잃어버린 영혼을 구원하기 위해서 오신 것입니다. 우리가 이 땅에 존재하는 목적은 죄인 된 우리를 구원하여 주신 하나님을 찬양하며 영광 돌리는 것이요, 그리고 더 많은 사람들이 구원받도록 복음을 전하는 것입니다. 예수님께서 인간의 몸으로 이 땅에 오셔서 십자가에 고난 당하시고 죽으신 이유는 잃어버린 영혼을 구원하기 위함입니다. 전도는 영혼을 구원하는 일입니다.

나눔의 시간

1. 오늘 말씀을 통하여 느낀 점을 말해봅시다.
2. 내가 복음 전해야 할 가까운 마을은 어디인지 나눠봅시다.

적용하기

오늘 말씀을 생활에 어떻게 적용할지 말해봅시다.

결단 및 합심기도

1. 가까운 마을에 불신영혼이 있으면 내가 사명 감당하지 못한 것임을 회개하며 가까운 마을에 전도할 것을 다짐하며 기도합시다.
2. 우리 구역 부흥과 전도 대상자를 위하여 기도합시다.

감사 및 알림

헌금 및 기도, 교회 소식, 구역 소식, 다음 모임, 주기도

제12과 관계전도를 하라

- 본문 / 요한복음 1:43-46
- 인사 / 반갑습니다. 사랑합니다. 주님의 이름으로 축복합니다.
- 찬송 / 523, 496장
- 신앙고백 (기도)

말씀읽기

43 이튿날 예수께서 갈릴리로 나가려 하시다가 빌립을 만나 이르시되 나를 따르라 하시니 44
빌립은 안드레와 베드로와 한 동네 벳새다 사람이라 45 빌립이 나다나엘을 찾아 이르되 모세가
율법에 기록하였고 여러 선지자가 기록한 그이를 우리가 만났으니 요셉의 아들 나사렛 예수니
라 46 나다나엘이 이르되 나사렛에서 무슨 선한 것이 날 수 있느냐 빌립이 이르되 와서 보라 하
니라

생각하기 / 테레사 수녀의 고백

"나는 지금까지 나의 임무가 대중을 돌보는 것이라고 생각해 본 적은 전혀 없습니다. 나는 한 개인을 돌보고 있습니다. 나는 한 번에 한 사람 밖에 사랑할 줄 모릅니다. 당신도 내가 한 것처럼 한번 시작해 보십시오. 나는 한 사람만 인도합니다. 그렇게 하지 않았다면 지금까지 4만 2천 명이 넘는 사람들을 인도하지 못했을 것입니다. 내가 한 것은 바다에 물 한 방울 보탠 것에 지나지 않습니다. 당신이 사랑하는 가정이나 당신이 다니는 교회도 단, 한 사람으로부터 시작해 보십시오." 우리는 한 영혼을 귀하게 여기고 한 영혼을 구원하기 위해 힘써야 합니다. 한 영혼이라도 더 찾아야 하고, 한 영혼이라도 더 살펴야 합니다. 한 영혼이라도 더 사랑해야 합니다.

말씀 속으로

1. 전도의 여러 방법

전도에는 여러 방법이 있습니다. 일제시대 최권능(봉석) 목사님은 "예수 천당"을 외치며 전도했습니다. 그는 한국에서 가장 전도를 많이 한 사람으로 알려졌습니다. 하루는 일본 경찰이 말을 타고 오는데 그 앞에서 "예수 천당"하였더니 말이 놀라며 펄쩍 뛰어서 그만 경찰이 말에서 떨어졌습니다. 화가 난 경찰은 그를 경찰서로 데리고 가서 심문하며 채찍질을 하였습니다. 최권능 목사는 매를 맞을 때마다 "예수 천당, 예수 천당" 하니 경찰이 그놈의 예수 천당 소리 듣기 싫다고 또 때립니다. 그러면 최 목사는 또 "예수 천당"을 합니다. 경찰이 때리기만 "예수 천당"을 합니다. 경찰이 왜 예수 천당만 하느냐고 물으니 내 안에는 예수 천당으로 가득 찼기 때문에 건드리면 예수 천당이 터져 나온다고 하였습니다. 오늘날도 명동이나 남대문 또는 역 앞에서 예수 천당 팻말을 들고 전도하는 사람들이 있습니다.

성경읽기 / 사도행전 16:31을 읽고 바울은 옥사장에게 뭐라고 전도했는지 말해봅시다.

2. 빌립은 친구를 전도했다

빌립은 예수님에게 직접 전도 받고 예수님을 따르게 되었습니다. 그는 예수님을 만난 후 맨 먼저 자기 친구인 나다나엘을 찾아가서 "모세가 율법에 기록하였고 여러 선지자가 기록한 그이를 우리가 만났으니 요셉의 아들 나사렛 예수니라."(요 1:45)라고 예수님을 전했습니다. 그러자 나다나엘은 나사렛에서 무슨 선한 것이 날 수 있겠느냐며 믿지 않았습니다. 나사렛은 서민들이 사는 곳입니다. 나다나엘은 메시아가 베들레헴 다윗의 동네에서 나시리라는 선지자들의 말을 알고 있었던 것 같습니다. 그래서 나사렛 예수라 하니 빌립의 말을 믿지 않았던 것입니다. 그러자 빌립은 와보라며 데리고 예수님께로 갔습니다. 예수님은 나다나엘이 오는 것을 보고 참 이스라엘 사람이라 그 속에 간사한 것이 없다고 그를 알아보고 인정해주었습니다. 자신을 알아본 예수님을 직접 보고 '하나님의 아들이요 이스라엘의 왕' 이라고 고백하며 믿었습니다. 우리가 전도할 때 사람들은 이런저런 이유를 대며 믿지 않을 수 있습니다. 그때는 교회에 데리고 와서 말씀을 듣게 하여야 합니다.

성경읽기 / 요한복음 4:28-29을 읽고 예수님을 만난 사마리아 여인은 어디에 가서 어떻게 전도하였는지 말해봅시다.

3. 관계전도가 가장 효과적이다

오늘 한국교회는 점점 마이너스로 성장하고 있습니다. 교인들이 줄어들고 있습니다. 전도해도 전과 같이 전도가 안 된다고 합니다. 이제 길거리에서 "예수 천당" 이라고 전도하면 미친 사람 취급합니다. 또한, 전철 안에서나 버스 안에서 전도하다가 신고 당하면 걸리게 되었습니다. 새로 짓는 집들은 모두 비밀번호나 키가 있어야 들어갈 수 있습니다. 점점 전도의 길이 막히고 있습니다. 이와 같은 때에 효과적인 전도는 관계전도입니다. 우리 주변에 있는 사람들과 좋은 관계를 맺는 것이 전도 환경을 만드는 것입니다. 예수를 믿고 구원받는데 있어서 가장 영향력 있는 사람은 가족과 친지, 친구와 이웃들입니다. 조사결과에 따르면 86%가 아는 사람을 통하여 예수를 믿게 되었다고 합니다. 우리는 주변 사람들과 관계를 맺고 그들을 잘 섬기며 기도하고 사랑을 베풀어서 그 영혼을 인도하도록 힘써야 합니다.

성경읽기 / 마태복음 5:16을 읽고 아버지께 영광을 돌리려면 어떻게 하라고 했는지 말해봅시다

나가는 말

전도는 가장 중요하고 시급한 일입니다. 지금은 전도할 기회입니다. 기회가 있을 때 한 명이라도 더 주님께 인도해야 합니다. 전도의 문이 점점 닫히고 있습니다. 북한이나 회교권에서는 전도하다 발각되면 죽습니다. 그곳에서는 목숨 내놓고 전도합니다. 우리는 아직 기회가 있습니다. 아직 문이 열려있습니다. 문이 닫히기 전에 우리의 가족, 형제, 친구, 이웃들을 살려내야 합니다. 이 일은 목숨 걸고 해야 할 일입니다.

나눔의 시간

1. 오늘 말씀을 통하여 느낀 점을 말해봅시다.
2. 나는 전도를 위해 누구와 관계를 맺고 있는지 또한 어떻게 전도하고 있는지 나눠봅시다.

적용하기

오늘 말씀을 생활에 어떻게 적용할지 말해봅시다.

결단 및 합심기도

1. 전도를 위해 이웃과 관계를 맺고 기도하며 섬기며 사랑을 실천할 것을 다짐하며 기도합시다.
2. 우리 구역 부흥과 전도 대상자를 위하여 기도합시다.

감사 및 알림

헌금 및 기도, 교회 소식, 구역 소식, 다음 모임, 주기도

제13과 최초의 선교사

- 본문 / 요한복음 17:18-21
- 인사 / 반갑습니다. 사랑합니다. 주님의 이름으로 축복합니다.
- 찬송 / 311, 516장
- 신앙고백 (기도)

말씀읽기

18 아버지께서 나를 세상에 보내신 것 같이 나도 그들을 세상에 보내었고 19 또 그들을 위하여
내가 나를 거룩하게 하오니 이는 그들도 진리로 거룩함을 얻게 하려 함이니이다 20 내가 비옵
는 것은 이 사람들만 위함이 아니요 또 그들의 말로 말미암아 나를 믿는 사람들도 위함이니 21
아버지여, 아버지께서 내 안에, 내가 아버지 안에 있는 것 같이 그들도 다 하나가 되어 우리 안
에 있게 하사 세상으로 아버지께서 나를 보내신 것을 믿게 하옵소서

생각하기 / 5분 안에 나를 죽이시오

필리핀에서 선교하신 놀마비센테 선교사님 이야기입니다. 그가 노방전도를 하고 있을 때 한 무신론자가 군중을 향하여 소리쳤습니다. "만일 하나님이 있다면 5분 이내에 나를 쳐서 죽이라고 말하겠소." 그리고는 하늘을 향하여 "하나님이 계시면 5분 이내 이 자리에서 나를 죽이시오!" 라고 고함을 질렀습니다. 사람들은 모두 숨을 죽이고 있었습니다. 5분이 지났습니다. 아무 일도 일어나지 않았습니다. 무신론자는 보란 듯이 군중을 향해 말했습니다. "보시오, 하나님이 없지 않소." 그때 한 여인이 그에게 말했습니다. "당신에게 자녀가 있습니까? "아들이 하나 있소." "그러면 그 아이가 당신에게 칼을 주면서 자기를 죽여 달라면 당신은 그 아들을 죽이겠습니까?" "아니요." 그 여인이 물었습니다. "왜 못 죽입니까? 죽여 달라고 하는데!" 무신론자는 "사랑하는 아들을 죽일 사람이 어디 있소?" 그러자 여인은 웃으며 말했습니

다. "하나님은 당신을 사랑하고 계십니다. 그러니 당신의 그 철없는 말을 듣고 어떻게 죽이시겠습니까?"

말씀 속으로

1. 최초의 선교사 예수님

예수님은 하나님이 이 땅에 보내신 최초의 선교사입니다. 예수님은 이 땅에 오시기 전에 하나님과 함께 하늘나라에 계셨습니다. 예수님은 우주 만물이 만들어지기 전부터 하나님과 함께 영광 중에 계셨습니다.(요 17:5) 예수님은 아버지께서 보내셔서 이 땅에 오셨다고 곳곳에서 말씀하십니다. "아버지께서 나를 세상에 보내신 것 같이 나도 그들을 세상에 보내었고."(요 17:18) "세상으로 아버지께서 나를 보내신 것을 믿게 하옵소서."(요 17:21) "아버지께서 나를 보내신 것과 또 나를 사랑하심 같이 그들도 사랑하신 것을 세상으로 알게 하려 함이로소이다."(요 17:23하) "그들도 아버지께서 나를 보내신 줄 알았사옵나이다."(요 17:25하) 예수님은 이처럼 곳곳에 아버지께서 보내셔서 오셨음을 강조하고 있습니다.

성경읽기 / 요한복음 3:17을 읽고 왜 하나님이 예수님을 세상에 보내셨는지 말해봅시다.

2. 세상을 구원하러 오신 선교사

선교사의 사명은 복음을 듣지 못하고 죄악 중에 살고 있는 자들에게 복음을 전하여 그들의 영혼을 구원하는 것입니다. 하나님께서 예수님을 세상에 보내신 목적도 죄 가운데 빠져 죽어가고 있는 사람들을 구원하라고 보내셨습니다.(요 3:17) 예수님이 인간의 몸을 입고 이 땅에 오실 때 천사는 마리아와 요셉에게 나타나 그의 이름을 예수라고 하라 하셨는데 그 이름의 뜻은 자기 백성을 저희 죄에서 구원할 자입니다.(마 1:21) 하나님은 죄인 된 인간들이 멸망 받지 않고 영생을 얻게 하시기 위하여 독생자를 선교사로 이 땅에 보내셔서 죄인들을 대신하여 십자가에 죽게 하신 것입니다. 예수님은 죄인을 구원하러 이 땅에 오신 선교사입니다.

성경읽기 / 요한복음 3:16을 읽고 어떤 자가 멸망 받지 않고 영생을 얻는다고 하였는지 말해봅시다.

3. 본을 보이신 선교사

예수님은 선교사로 이 땅에 오셔서 선교의 본을 보이셨습니다. 예수님은 가시는 곳마다 복음을 전하시고 말씀을 가르치시고 병자들을 고쳐주셨습니다. 그리고 교회를 세우시고 교회에 이 사역을 하도록 위임하셨습니다. 선교사의 사역은 가서 복음을 전하여 일군을 키우고 병자를 치유하며 교회를 세워서 그들로 일하도록 하는 것입니다. 예수님은 이 사역을 하실 때 고난을 당하시고 배척을 받으셨습니다. 가는 곳마다 환영해주는 자가 없었습니다. 그래도 예수님은 사역을 포기하지 않으시고 죽음으로 완수하셨습니다. 오늘도 선교사가 가는 곳이면 어디든 대적이 있고 장애물이 있고 배척을 받습니다. 그래도 선교사는 예수님을 본받아 죽음을 각오하고 선교사역을 감당해야만 합니다.

성경읽기 / 요한복음 17:4을 읽고 선교사의 사역이 어떠해야 하는지 말해봅시다.

나가는 말

예수님은 죄인을 구원하려 이 땅에 오신 최초의 선교사입니다. 예수님은 이 사역을 이루시기 위하여 자신의 목숨을 바쳤습니다. 선교사는 목숨을 바쳐서 생명을 구원하는 일을 해야 합니다. 예수님은 우리를 세상에 보냈다고 하셨습니다.(요 17:18) 우리는 주님의 보내심을 받은 선교사들입니다. 그러므로 우리는 선교사라는 사명감을 가지고 주님을 본받아 생명 살리는 일을 해야 합니다.

나눔의 시간

1. 오늘 말씀을 통하여 느낀 점을 말해봅시다.
2. 나는 주님의 보냄 받은 선교사로서 어떻게 선교사역을 하고 있는지 나눠봅시다.

적용하기

오늘 말씀을 생활에 어떻게 적용할지 말해봅시다.

결단 및 합심기도

1. 선교사로서의 사역을 잘 감당하지 못한 것을 회개하며 이제부터 나도 선교사라는 사명을 가지고 생명 살리는 사역을 감당할 것을 다짐하며 기도합시다.
2. 우리 구역 부흥과 전도 대상자를 위하여 기도합시다.

감사 및 알림

헌금 및 기도, 교회 소식, 구역 소식, 다음 모임, 주기도

제14과 가든지 보내든지

- 본문 / 사도행전 1:8-9
- 인사 / 반갑습니다. 사랑합니다. 주님의 이름으로 축복합니다.
- 찬송 / 320, 511장
- 신앙고백 (기도)

말씀읽기

8 오직 성령이 너희에게 임하시면 너희가 권능을 받고 예루살렘과 온 유대와 사마리아와 땅 끝까지 이르러 내 증인이 되리라 하시니라 9 이 말씀을 마치시고 그들이 보는데 올려져 가시니 구름이 그를 가리어 보이지 않게 하더라

생각하기 / 내 목숨 1,000개가 있다면

서울 합정동 양화진에는 조선에 와서 선교하다 돌아가신 선교사와 평신도들의 묘비 중 그냥 지나칠 수 없는 묘가 있습니다. 1907년 미국 텍사스 해외 선교부 파송으로 조선 땅에 와서 황해도 개성에서 사역하다 질병으로 쓰러져 25세의 꽃다운 나이에 사망한 루비 캔드릭의 묘입니다. 그녀가 부모에게 보낸 편지입니다. "아버지 어머니, 조선의 박해가 점점 심해지고 생활환경은 너무나 열악합니다. 3일 전에도 내가 아는 교인이 관가에 끌려가 순교 당했습니다. 이 땅은 토마스 선교사가 대동강에서 목 잘려 순교 당하고, 제임스 선교사가 순교한 땅입니다. 지금 박해가 너무 심해 철수하라는 선교부의 지시가 있으나 대부분 선교사는 순교할 각오로 머무르고 있습니다." "내 목숨 1,000개가 있다면 모두 조선을 위해 바치겠습니다." 이 편지로 20여 명의 선교사들이 한국에 지원했습니다. 루비 캔드릭의 비문이 우리의 심장을 뛰게 합니다.

말씀 속으로

1. 예수님의 선교명령

예수님은 지상사역을 마치시고 하늘로 가시기 전에 제자들에게 선교명령을 내리셨습니다. 마태는 이를 "너희는 가서 모든 족속으로 제자를 삼아 아버지와 아들과 성령의 이름으로 세례를 주고 내가 너희에게 분부한 모든 것을 가르쳐 지키게 하라."(마 28:19)라고 하였고, 마가는 "너희는 온 천하에 다니며 만민에게 복음을 전파하라."(막 16:15)라고 하였으며, 누가는 "예루살렘과 온 유대와 사마리아와 땅 끝까지 이르러 내 증인이 되리라."(행 1:8)라고 하였습니다.

예수님의 이 명령을 '지상명령' 이라고도 하고 '어명' 이라고도 하며 '유언' 이라고도 합니다. 지상명령이란 가장 중요한 상위에 있는 명령이라는 뜻으로 사전에서 찾아보면 "절대로 복종해야 할 명령"을 말합니다. 주님이 마지막으로 남기신 이 말은, 주님의 최후의 명령이요 가장 중요한 명령입니다 이 명령은 우리가 반드시 순종하고 복종해야 할 절대명령입니다. 전도와 선교는 왕의 어명입니다.

성경읽기 / 요한복음 17:3을 읽고 무엇이 영생이라고 하였으며 아는 것의 의미를 말해봅시다.

2. 제자들은 이 명령을 받고 갔다

선교는 예수님의 명령을 수행하는 것입니다. 예수님의 제자들은 명령을 받고 세계로 흩어져 갔습니다. 가서 복음을 전했습니다. 베드로는 로마로 가서 복음 전하다가 거꾸로 십자가에 못 박혀 순교하였고, 안드레는 아가야와 페루로 가서 복음을 전하다가 X자형으로 순교하였습니다. 야고보는 헤롯에게 순교당하였고, 요한은 에베소로 가서 복음을 전했으며, 빌립은 소아시아 히에로폴리로 갔고, 바돌로매와 도마는 인도로 갔습니다. 마태는 페르시아로 갔고, 야곱은 시베리아로 갔습니다. 그리고 시몬은 아르메니아로 갔고, 다대오는 아라비아와 페르시아로 갔습니다. 바울은 예수님을 만난 후 아시아와 유럽과 로마로 가서 복음을 전하다가 순교했습니다. 우리나라에는 토마스 선교사와 언더우드 선교사, 아펜셀러 선교사 등 수백 명의 선교사들이 와서 복음을 전해주었습니다. 그들의 선교로 우리가 복음을 받았습니다. 그들은 예수님의 유언을 지켰고 명령에 순종하였습니다.

성경읽기 / 이사야서 6:8을 읽고 하나님은 누구를 찾고 있는지 말해봅시다.

3. 모든 그리스도인은 선교사다

모든 그리스도인은 선교사가 되어야 합니다. 이는 주님의 명령이기 때문입니다. 선교는 일부 선교사들에게 내려진 명령이 아닙니다. 예수 그리스도를 주님으로 믿고 고백한 모든 사람에게 내려진 명령입니다. 선교사는 크게 '보내는 선교사' 와 '가는 선교사' 로 나눠집니다. 현장에 복음 들고 가서 복음을 듣지 못한 자들에게 복음을 전하는 선교사가 있어야 합니다. 주님은 '가라' 고 명을 내리셨습니다. 가는 선교사가 있으려면 보내는 선교사가 있어야 합니다. 보내는 선교사는 가는 선교사들이 선교하도록 뒤에서 후원해주는 선교를 말합니다. 물질로 후원하고 기도로 후원하는 자가 있어야 가는 자들이 선교를 할 수 있습니다. 바울과 바나바는 안디옥 교회에서 파송하였습니다. 보내는 선교사가 없으면 선교를 효과적으로 할 수가 없습니다. 그러므로 모든 그리스도인은 가든지 보내든지 둘 중 하나를 해야 합니다.

성경읽기 / 빌립보서 4:16을 읽고 바울이 데살로니가에 있을 때 빌립보 성도들이 바울에게 무엇을 보냈는지 말해봅시다.

나가는 말

서울 양화진 선교사 묘지에는 우리나라에 와서 순교한 395명의 선교사의 묘비가 있습니다. 영국, 미,국 호주 등 선진국에서 명문대학을 나오고 장래가 유망한 젊은이들이 헐벗고 가난하고 굶주린 이름도 없는 동방의 작은 나라인 이 땅에 들어와서 복음을 전해줘서 오늘 우리가 예수를 믿게 되고 이 민족이 하나님의 축복을 받게 된 것입니다. 이제 우리도 이 복음의 빚을 갚아야 합니다. 가든지 보내든지 선교사가 되어야 합니다.

나눔의 시간

1. 오늘 말씀을 통하여 느낀 점을 말해봅시다.
2. 나는 지금까지 어떤 선교사로서 선교하고 있는지 나눠봅시다.

적용하기

오늘 말씀을 생활에 어떻게 적용할지 말해봅시다.

결단 및 합심기도

1. 선교사로 나가든지 아니면 나도 보내는 선교사가 되어 선교사를 위하여 기도로, 물질로 후원할 것을 다짐하며 기도합시다.
2. 우리 구역 부흥과 전도 대상자를 위하여 기도합시다.

감사 및 알림

헌금 및 기도, 교회 소식, 구역 소식, 다음 모임, 주기도

제15과 바울의 1차 선교

- 본문 / 사도행전 13:4-5
- 인사 / 반갑습니다. 사랑합니다. 주님의 이름으로 축복합니다.
- 찬송 / 521, 505장
- 신앙고백 (기도)

말씀읽기

4 두 사람이 성령의 보내심을 받아 실루기아에 내려가 거기서 배 타고 구브로에 가서 5 살라미
에 이르러 하나님의 말씀을 유대인의 여러 회당에서 전할 새 요한을 수행원으로 두었더라

생각하기 / 한 명을 얻는 데 걸린 시간 6년

미얀마에서 선교사로 눈부신 활약을 한 저드슨은 신학교를 졸업할 당시 어느 큰 교회의 부목사로 초빙되었습니다. 친구들과 주위 사람들은 부러움과 기대에 찬 시선을 보냈습니다. 그런데 해외 선교에 비전이 있었던 그는 그 초빙을 거절하고, 불교의 나라인 미얀마에 선교사로 자원했습니다. 그러자 여러 사람이 그의 결정을 만류하고 걱정스러운 조언을 했지만, 저드슨은 그것에 개의치 않고 목숨을 바칠 각오로 선교 사업에 뛰어들었습니다.

그곳에서 한 명의 세례 교인을 얻는 데 걸린 시간은 6년이었습니다. 그러나 그의 헌신은 식을 줄 몰랐습니다. 그 결과 불교의 나라 미얀마에는 6만 명의 기독교인이 생겨났으며, 전 세계 선교사의 마음속에 비전과 용기를 심어주었습니다.

말씀 속으로

1. 안디옥 교회의 선교사 파송

예루살렘 교회의 박해와 스데반 집사의 순교 등으로 성도들이 흩어져 안디옥에도 이르러 복음을 전하므로 안디옥 교회가 세워집니다. 안디옥 교회가 날로 부흥하자 예루살렘 교회에서 안디옥 교회에 바나바를 파송하였고, 바나바는 사울을 데려와 함께 1년간 사역하는 중에 교회가 크게 부흥하였습니다. 안디옥 교회 성도들에게 최초로 그리스도인이란 칭호가 붙게 됩니다. 그리스도인이란 예수를 따르는 자들, 예수쟁이들이란 뜻으로 너무도 열심히 예수를 전하고 따르니 비난과 조롱 조로 붙여진 칭호입니다. 안디옥 교회 성도들이 주를 섬겨 금식할 때에 성령께서 바나바와 사울을 선교사로 따로 세우라고 하였습니다. 바나바와 사울은 안디옥 교회 핵심인물들입니다. 그들이 없으면 안 됩니다. 그런데 안디옥 교회는 성령님께 순종하여 바나바와 사울에게 안수한 후에 선교사로 파송하게 됩니다.

성경읽기 / 사도행전 11:19을 읽고 스데반의 순교와 환란으로 흩어진 자들이 어디에 가서 말씀을 전했는지 말해봅시다.

2. 하나님의 놀라운 능력

안디옥 교회에서 파송 받은 바나바와 바울이 처음 방문한 곳은 지중해 해안에 있는 '구브로' 입니다.(행 13:4-12) 구브로는 바나바의 고향이기도 합니다. 그곳은 당시 로마 원로원의 영토였습니다. 그는 그곳에서 총독 관저에 가서 서기오 바울을 만났습니다. 총독은 바나바와 사울을 불러들여 하나님의 말씀을 듣고자 하였습니다. 그런데 총독 곁에 마술사요 거짓 선지자인 바예수란 자가 붙어서 총독이 믿지 못하게 방해를 하였습니다. 그는 사탄의 권세 아래 있었습니다. 이에 바울이 주님의 이름으로 그를 마귀의 자식이라고 꾸짖고 책망하며 "주의 손이 네 위에 있으니 네가 맹인이 되리라."(행 13:11)라고 하니 즉시로 그의 눈이 소경이 되어 얼마 동안 보지 못하게 되었습니다. 이 사건을 본 총독 서기오 바울이 예수를 믿게 되었습니다. 오늘날 구브로의 인구는 약 200만 정도 되는 공화국으로 인구의 85%가 그리스도를 믿고 있습니다. 학자들에 의하면 총독이 예수님을 믿게 된 이후 이 섬의 많은 사람이 예수님을 믿게 되었고 2,000년이 지난 지금까지 한 섬의 인구의 85%가 기독교인이 되었다는 것입니다.

성경읽기 / 사도행전 13:12을 읽고 총독이 무엇을 놀랍게 여겼으며 왜 놀랍게 여겼는지 말해봅시다.

3. 영생 주시기로 작정된 자들

구브로 선교에서 총독을 전도한 바울과 바나바 일행은 다음 지역으로 배 타고 버가를 지나 비시디아 안디옥에 가서 안식일에 회당에 들어가 복음을 전하였습니다. 비시디아 안디옥 사람들은 다음 안식일에도 말씀을 전해달라고 부탁을 하였습니다.(행 13:42) 다음 안식일에는 온 시민이 다 하나님의 말씀을 듣고자 하여 모였습니다. 이에 바울과 바나바가 담대히 하나님의 말씀을 전하자 일부 유대인들은 바울과 바나바를 대적하였으나 이방인들은 듣고 기뻐하며 영생 주시기로 작정된 자들은 다 믿었습니다.(행 13:48) 복음을 전하면 듣고 대적하는 자들이 있는 반면 듣고 믿는 자들도 있습니다. 하나님께서 영생 주시기로 작정된 자들이 있습니다. 이들은 복음을 들을 때 믿는 자들입니다. 전도와 선교는 복음을 전하여 영생 주시기로 작정된 자들을 찾는 것입니다.

성경읽기 / 사도행전 13:38-39을 읽고 바울과 바나바가 전한 복음의 핵심을 말해봅시다.

나가는 말

하나님께서는 선교하러 나가고, 전도하러 나가게 되면 반드시 복음을 듣기를 원하고 기다리고 있는 사람을 만나게 해 주십니다. 그러므로 우리는 할 수만 있으면 복음을 전해야 합니다. 만나는 사람들에게 예수가 하나님의 아들이심과 구원자이심을 전해야 합니다. 내가 만나는 사람들은 모두 나의 전도 대상자라는 생각으로 복음을 전하여야 합니다. 외국에 선교사로 나가야만 복음을 전하는 것이 아닙니다. 바나바는 자기의 고향 구브로에 가서 복음을 전하였습니다. 오늘 나에게 있어서 선교지는 지금 내가 살고 있는 현장이 선교지입니다. 우리는 내가 살고 있는 현장에서부터 선교를 해야 합니다.

나눔의 시간

1. 오늘 말씀을 통하여 느낀 점을 말해봅시다.
2. 내가 전도할 때 전도를 방해한 사람들이 있었는지 나눠봅시다.

적용하기

오늘 말씀을 생활에 어떻게 적용할지 말해봅시다.

결단 및 합심기도

1. 우리가 속한 가정과 지역에서 선교사의 역할을 감당할 것을 다짐하며 기도합시다.
2. 우리 구역 부흥과 전도 대상자를 위하여 기도합시다.

감사 및 알림

헌금 및 기도, 교회 소식, 구역 소식, 다음 모임, 주기도

제16과 와서 우리를 도우라

- 본문 / 사도행전 16:12-15
- 인사 / 반갑습니다. 사랑합니다. 주님의 이름으로 축복합니다.
- 찬송 / 515, 510장
- 신앙고백 (기도)

말씀읽기

12 거기서 빌립보에 이르니 이는 마게도냐 지방의 첫 성이요 또 로마의 식민지라 이 성에서 수
일을 유하다가 13 안식일에 우리가 기도할 곳이 있을까 하여 문 밖 강가에 나가 거기 앉아서
모인 여자들에게 말하는데 14 두아디라 시에 있는 자색 옷감 장사로서 하나님을 섬기는 루디
아라 하는 한 여자가 말을 듣고 있을 때 주께서 그 마음을 열어 바울의 말을 따르게 하신지라
15 그와 그 집이 다 세례를 받고 우리에게 청하여 이르되 만일 나를 주 믿는 자로 알거든 내 집
에 들어와 유하라 하고 강권하여 머물게 하니라

생각하기 / 낚시에 미친 아빠

어떤 사람이 낚시를 갔습니다. 물이 빠져나간 평평한 바위 위에 아이를 두고 고기를 잡으러 갔습니다. 고기를 따라 이리저리 자리를 옮기다가 아이로부터 너무 먼 곳까지 왔습니다. 오후가 되어 밀물이 밀려오자 아이가 있던 바위가 잠기기 직전에 이르렀습니다. 아이는 아빠를 애타게 불렀으나 낚시에 미친 아빠는 아이의 부르짖는 소리를 듣지 못했습니다. 해가 저물어 갈 무렵 아이가 있는 곳으로 왔으나 그곳은 밀물이 삼킨 지 오래였습니다. 지금도 수많은 무리들이 우리를 향하여 우리를 도와달라고 구조 요청을 하고 있습니다. 사망의 밀물이 밀려오는데 귀가 먹은 자들은 구원의 요청 소리가 들리지 않습니다. 그러는 사이에 수많은 영혼들이 죄의 바다에 휩쓸려 지옥으로 떨어지고 있습니다.

말씀 속으로

1. 바울과 바나바의 2차 선교

바울과 바나바는 1차 선교를 성공적으로 마치고 자기를 파송한 안디옥 교회로 돌아가서 선교 보고를 하였습니다. 후에 바나바와 함께 1차 선교지를 돌아보며 2차 선교를 시작하려고 하였는데 두 사람이 마가 요한의 문제로 서로 갈라서게 됩니다. 바울은 마가 요한이 1차 때 따라갔다가 중간에 되돌아갔기 때문에 2차 때는 데려가지 말자고 하였고, 바나바는 그래도 데리고 가자고 하여 결국 바나바가 마가를 데리고 고향 구브로로 가게 되고, 바울은 실라를 택하여 수리아와 자신의 고향 길리기아로 다니며 교회를 굳건히 한 후 1차 선교여행지를 돌아보려고 하였습니다. 루스드라에서 디모데를 만나 그를 데리고 부르기아와 갈라디아의 성도들을 돌아보고, 소아시아의 북쪽인 무시아를 지나 비두니아로 가려고 하는데 예수의 영이 허락하지 않았습니다. 길이 막히자 바울 일행은 무시아를 지나 드로아로 갔습니다.

성경읽기 / 사도행전 16:2을 읽고 디모데가 어떤 사람인지 말해봅시다.

2. 와서 우리를 도우라

바울 일행은 비두니아로 갈려고 했는데 성령이 이를 허락하지 않자 조용히 휴식을 취하기 위하여 해안 도시인 드로아로 내려와서 얼마간 쉬기로 했습니다. 그런데 하나님의 계획은 다른 곳에 있었던 것입니다. 그날 밤에 환상을 보았습니다. 건너편 마게도냐 지역에서 한 사람이 일어서서 바울을 향하여 손짓하기를 '건너와서 우리를 도우라' 고 애타게 부르짖는 것입니다. 마게도냐 지역은 전혀 뜻밖의 일입니다. 본래 아시아권을 중심으로 1차 때 선교했던 지역들을 다시 돌아보며 교회를 든든히 세우고 본도로 해서 갑바도기아를 거쳐 수리아 안디옥으로 갈 계획을 세웠는데, 하나님의 계획은 유럽 지역으로 가서 선교하라는 것입니다. 마게도냐는 유럽의 첫 관문입니다.

선교는 필연적이지만 그 방법은 하나님의 뜻을 따라야 합니다. 좋은 일이라고 다 하나님의 뜻은 아닙니다. 일에는 우선순위가 있습니다.

성경읽기 / 사도행전 16:6을 읽고 누가 아시아에서 말씀을 전하지 못하게 하셨는지 말해봅시다.

3. 유럽의 첫 선교

바울은 마게도냐 사람의 환상을 통하여 왜 하나님께서 아시아 선교를 막았는지를 알게 되었습니다. 그는 새로운 세계에 대한 비전을 보게 되었습니다. 하나님께서 유럽 사람들에게 복음을 전하라고 부르신 줄을 알고 곧바로 배를 타고 마게도냐를 향하여 갔습니다. 그들이 첫 번째로 도착한 지방은 빌립보 성입니다. 바울은 안식일에 기도처를 찾다가 강가에서 여인들에게 복음을 전하였습니다. 그곳에서 자주 장사 루디아가 바울의 복음을 듣고 예수님을 믿게 됩니다. 루디아는 바울 일행을 자기 집으로 영접하여 그곳에 머물면서 복음을 전하도록 하였습니다. 루디아의 집은 빌립보의 첫 교회가 된 것입니다. 바울의 선교로 데살로니가, 베뢰아, 아덴, 고린도 등에 복음이 전파되고 교회가 세워지고 유럽 전도의 문이 활짝 열리게 되었습니다.

성경읽기 / 사도행전 16:15을 읽고 루디아가 어떻게 바울 일행을 자기 집으로 초청하였는지 말해봅시다.

나가는 말

하나님의 일을 하고자 할 때 그 목적이 선하며 하나님이 원하시는 것이라고 할지라도 하나님께서 그 길을 막으실 수 있습니다. 이는 그 방법이나 과정이 하나님의 뜻과 맞지 않기 때문입니다. 아시아는 바울에게 있어서 중요한 선교

전략지였으나 하나님께서는 먼저 유럽에 복음을 전하도록 하신 것입니다. 지금도 세계 도처에서는 건너와서 우리를 도와달라고 손짓하는 사람들이 많이 있습니다. 우리는 주위에서 우리를 도와달라는 영혼들의 외치는 소리를 듣고 그들에게 가서 복음을 전하여야 합니다.

나눔의 시간

1. 오늘 말씀을 통하여 느낀 점을 말해봅시다.
2. 나는 인도나 중국이나 아프리카 사람이 "와서 우리를 도와 달라."는 환상을 본다면 선교지로 갈 수 있을 것인지 나눠봅시다.

적용하기

오늘 말씀을 생활에 어떻게 적용할지 말해봅시다.

결단 및 합심기도

1. 나에게도 영혼을 보는 환상이 열리게 해달라고 기도합시다.
2. 우리 구역 부흥과 전도 대상자를 위하여 기도합시다.

감사 및 알림

헌금 및 기도, 교회 소식, 구역 소식, 다음 모임, 주기도

제17과 하나님의 자녀

- 본문 / 요한복음 1:12-13
- 인사 / 반갑습니다. 사랑합니다. 주님의 이름으로 축복합니다.
- 찬송 / 305, 288장
- 신앙고백 (기도)

말씀읽기

12 영접하는 자 곧 그 이름을 믿는 자들에게는 하나님의 자녀가 되는 권세를 주셨으니 13 이는 혈통으로나 육정으로나 사람의 뜻으로 나지 아니하고 오직 하나님께로부터 난 자들이니라

생각하기 / 원수를 양자로

사랑의 원자탄 손양원 목사님은 1948년 여순반란사건(여수, 순천) 때 반란군에 가담했던 안재선이라는 학생이 예수쟁이는 친미파라는 죄목으로 손양원 목사님의 두 아들을 총살하였습니다. 반란이 진압된 후 안재선이 체포되어 사형수가 되었을 때 손양원 목사님이 이 학생을 죽이지 말아 달라고 탄원하였습니다. 이 사람을 죽이면 내 아들들의 죽음이 헛됩니다. 이 학생을 양자로 삼아 회개시켜 새사람으로 만들겠다고 간절히 탄원하여 사형을 면하게 하였고, 죽은 두 아들 대신 안재선을 양자로 받아들였습니다. 그리고 아들 장례식 때 사랑하는 두 아들을 죽인 원수를 회개시켜 내 아들을 삼고자 하는 사랑의 마음을 주심에 감사하다고 하였습니다. 하나님은 원수 되었던 우리를 하나님의 자녀로 삼으셨습니다.

말씀 속으로

1. 믿는 자는 하나님의 자녀다

세상에는 두 종류의 사람이 살고 있습니다. 하나는 하나님의 자녀요 하나는 마귀의 자녀입니다. 성경에서 사도 요한은 이렇게 말하고 있습니다. "이러므로 하나님 자녀들과 마귀의 자녀들이 드러나나니 무릇 의를 행하지 아니하는 자나 또는 그 형제를 사랑하지 아니하는 자는 하나님께 속하지 아니하니라." (요일 3:10)

사람이 하나님의 자녀가 된다는 것은 크나큰 복 중의 복이요 영광 중의 영광입니다. 그렇다면 사람이 어떻게 하나님의 자녀가 될 수 있습니까?

사도 요한은 요한복음에서 자녀가 되는 길을 밝혀줍니다. "영접하는 자 곧 그 이름을 믿는 자들에게는 하나님의 자녀가 되는 권세를 주셨으니 이는 혈통으로나 육정으로나 사람의 뜻으로 나지 아니하고 오직 하나님께로부터 난 자들이니라." (요 1:12-13) 하나님의 자녀가 되는 길은 예수님을 영접하는 길입니다. 예수님을 영접한다는 말은 예수님을 믿고 마음에 주인으로 모시는 것을 말합니다. 예수님이 하나님의 아들이시요 나의 죄를 대신하여 죽으신 것을 믿고 예수님을 나의 주인, 나의 구원자로 마음에 받아들이는 것입니다.

성경읽기 / 갈라디아서 4:6을 읽고 우리가 어떻게 하나님을 아버지라 부르게 되었는지 말해봅시다.

2. 하나님의 자녀는 하나님께로 난 자다

하나님의 자녀는 인간의 혈통으로나 육정으로 난 것이 아닙니다.

하나님의 자녀는 하나님께로 난 자들입니다. 사람이 어떻게 하나님께로 날 수 있습니까? 하나님께로 나는 것은 거듭나는 것을 말합니다.(요 3:3) 거듭나는 것은 영으로 나는 것입니다. 예수님께서는 "육으로 난 것은 육이요 영으로 난 것은 영이라."(요 3:3-6)라고 하셨습니다. 육으로는 열 번을 낳아도 육입니다 하나님의 자녀가 될 수 없습니다. 영으로 나야 합니다. 영으로 나는 것은 물과 성령으로 나는 것입니다.(요 3:5) 예수님을 믿고 구주로 영접하는 자는 물과 성령으로 난자입니다. 거듭남이란 예수님이 십자가에 못박혀 죽으시므로 우리 죄를 대속하심을 믿는 자에게 주어지는 신비로운 체험입니다. 거듭난 자에게 하나님의 자녀라는 칭호가 주어지게 됩니다.

성경읽기 / 요한계시록 3:20을 읽고 어떻게 예수님을 마음에 영접할 수 있는지 말해봅시다

3. 자녀는 자녀답게 살아야 한다

바울 사도는 우리도 예수님을 믿기 전에는 세상 풍조를 따르고 공중의 권세 잡은 자 사탄 마귀를 따라 살았으며 전에는 우리도 육체의 욕심을 따라 지냈다고 하였습니다.(엡 2:2-3) 그러나 이제는 예수 그리스도를 믿음으로 하나님의 자녀가 되었고 빛의 자녀가 되었습니다.(엡 5:8) 그러므로 이제는 하나님의 자녀답게 살아야 하고 빛의 자녀로 살아야 합니다. 빛의 열매는 착함과 의로움과 진실함에 있다고 하였습니다.(엡 5:9) 바울 사도는 이제 "유혹의 욕심을 따라 썩어져가는 구습을 따르는 옛사람을 벗어버리고 하나님을 따라 의와 진리의 거룩함으로 지으심을 받은 새사람을 입으라."(엡 4:24)라고 하였습니다. 하나님의 자녀는 하나님의 말씀에 순종하며 살아야 합니다. 모든 거짓을 버리고 참된 것을 말하며 음행과 더러운 것과 탐욕은 이름조차 부르지 말고 항상 감사하고 사랑하며 살아가야 합니다.(엡 4:25-5:4)

우리는 하나님의 자녀로 자녀의 긍지를 가지고 살아가야 합니다.

성경읽기 / 에베소서 4:29을 읽고 하지 말아야 할 말과 해야 할 말에 대하여 말해봅시다.

나가는 말

예수님을 믿고 구주로 영접한 사람은 하나님의 자녀입니다. 이는 우리의 노력이나 자격이 있어서 된 것이 아닙니다. 하나님께서 우리를 당신의 자녀로 삼으시려고 사랑하는 외아들을 세상에 보내셨습니다. 우리는 아무것도 한 것 없고 믿은 것밖에 없는데 하나님이 우리를 당신의 자녀라고 부르셨습니다. 그래서 우리는 하나님의 자녀가 된 것입니다. '하나님의 자녀' 라고 불리는 것보다 더 영광스럽고 복된 칭호는 없습니다. 하나님의 자녀가 되는 것은 이 세상에 사는 동안 우리가 누릴 수 있는 가장 큰 축복이요 영광입니다.

나눔의 시간

1. 오늘 말씀을 통하여 느낀 점을 말해봅시다.
2. 나는 하나님의 자녀라는 확신과 긍지가 어느 정도 있는지 나눠봅시다.

적용하기

오늘 말씀을 생활에 어떻게 적용할지 말해봅시다.

결단 및 합심기도

1. 하나님의 자녀로서 자부심과 긍지를 가지지 못한 것들을 회개하며 자녀로서 긍지를 가지고 자녀답게 살 것을 다짐하며 기도합시다.
2. 우리 구역 부흥과 전도 대상자를 위하여 기도합시다.

감사 및 알림

헌금 및 기도, 교회 소식, 구역 소식, 다음 모임, 주기도

제18과 자녀의 특권과 의무

- 본문 / 로마서 8:14-17(상)
- 인사 / 반갑습니다. 사랑합니다. 주님의 이름으로 축복합니다.
- 찬송 / 287, 285장
- 신앙고백 (기도)

말씀읽기

14 무릇 하나님의 영으로 인도함을 받는 사람은 곧 하나님의 아들이라 15 너희는 다시 무서워
하는 종의 영을 받지 아니하고 양자의 영을 받았으므로 우리가 아빠 아버지라고 부르짖느니라
16 성령이 친히 우리의 영과 더불어 우리가 하나님의 자녀인 것을 증언하시나니 17 자녀이면
또한 상속자 곧 하나님의 상속자요

생각하기 / 벽에 붙은 수표(박필 교수의 책 인용)

어느 목사님이 신림동 지역 달동네에 파출부를 하며 혼자 사는 할머니 집을 심방하게 되었는데, 늙으신 할머니는 너무 가난해 아궁이에 연탄도 피지 못해 냉방이었고 장판과 도배지도 낡아 있었습니다. 예배가 끝나자 할머니는 목사님을 대접한다며 부엌으로 나간 사이 목사가 방안을 둘러보는데 벽에 자기앞 수표 한 장이 붙어있었습니다. 가짜겠거니 생각하고 가까이 가보니 진짜 수표였습니다. 더욱 놀란 것은 수표에 적힌 액수가 1억이었습니다. 당시 아파트 한 채가 2~3천만 원이고 한 달 생활비가 10~20만 원일 때로 집을 몇 채 사고도 평생 먹고 살 돈입니다. 은행에 맡기면 그 이자만으로도 편히 잘 살 수 있는 돈이었습니다. 할머니가 찻잔을 들고 들어오자 목사님이 물었습니다. "할머니, 이 수표가 왜 여기 붙어있지요?" "아, 그거요. 지난해 부인도 없고 자식들은 바쁘다는 핑계로 찾아오지도 않는 할아버지가 병에 걸려 병간호할 사람이 없어서 제가 병간호를 얼마 동안 해드렸는데 어느 날 그분이 저를 부르

더니 저걸 손에 쥐여주길래 받았지요. 그분은 며칠 후 세상을 떠났는데 그분이 준 선물이어서 버리기가 아까워서 기념으로 벽에 붙여둔 거예요." "할머니! 저건 엄청나게 큰돈이예요." "그 종이 쪼가리가 무슨 돈이래요?" "이건 수표라는 건데요. 이걸로 집도 사고 평생 먹고 살 수 있는 돈이예요." 그러자 할머니는 "아이고, 이놈의 까막눈!" 하며 한숨을 쉬더랍니다.

말씀 속으로

1. 기도할 특권을 주셨다

기도는 하늘에 계신 아버지와 대화하는 것이요, 아버지께 필요한 것을 구하는 것입니다. 하나님은 자녀들에게 많은 특권을 주셨지만, 그중에서도 가장 좋은 특권입니다. 하나님은 자녀들이 기도하면 들어주시겠다고 약속하셨습니다. 기도는 하늘 아버지의 손을 움직이는 무기요, 하늘 보화 창고를 여는 열쇠입니다. 예수님께서도 구하라 주실 것이라고 하셨고(마 7:7), 내 이름으로 무엇을 구하든지 내가 시행하리라고 하셨습니다.(요 14:13) 그러므로 자녀 된 우리는 무슨 일을 만나든지 낙심하지 말고 아버지께 기도하면 됩니다. 우리의 아버지는 전능하신 분이시며 불가능이 없으신 분이십니다. 기도의 특권을 활용하여 승리하는 삶을 살아가야 합니다.

성경읽기 / 요한복음 16:24을 읽고 어떤 자가 받는다고 하였는지 말해봅시다.

2. 자녀는 아버지 나라를 상속받게 된다

아버지 나라는 천국입니다. 천국은 사망이 없고 애통하는 것이나 곡하는 것이나 아픈 것이 없는 나라입니다. 성경은 "자녀이면 또한 상속자 곧 하나님의 후사요."(롬 8:17)라고 하였습니다. 후사는 상속자란 의미입니다. 자녀는 부모 재산을 상속받습니다. 우리는 천국을 상속받은 자녀입니다. 부모를 잘 만난 자녀는 큰 재산을 물려받아 재벌도 되고 그룹 총수도 됩니다. 삼성의 이건희도 아버지 이병철로부터 재산을 물려받아 오늘의 삼성이 있으며, 현대의 정몽준, 정몽구도 아버지로부터 재산을 물려받아 오늘의 현대가 있는 것입니다. 아버지가 부자면 자식도 부자입니다. 우리의 아버지는 세계 최고 부자이십니다. 이 땅에 집 한 채 없어도 아버지 나라에 좋은 집이 있습니다. 우리는 하나님의 자녀로 자녀의 긍지를 가지고 살아가야 합니다.

성경읽기 / 요한복음 14:2을 읽고 예수님은 무엇하러 가신다고 하였는지 말해봅시다.

3. 자녀의 의무

하나님의 자녀는 두 가지 의무가 있습니다. 의무는 꼭 해야 하는 것입니다 의무를 이행치 않으면 죄가 됩니다. 자녀의 의무는 첫째, 낳으신 이를 사랑하는 것입니다.(요일 5:1) 낳으신 이는 하나님이십니다. 하나님이 우리를 사랑하사 우리 죄를 속량하시기 위하여 화목제물로 아들을 보내셨습니다.(요일 4:10) 하나님이 사랑하셨으니 우리도 하나님을 사랑해야 마땅합니다. 두 번째는 그에게서 난 자를 사랑하는 것입니다. 그에게서 난 자는 믿는 자들을 말합니다. 예수님을 믿는 자마다 하나님께로서 난 자라고 했습니다.(요일 5:1) 하나님의 자녀의 의무는 하나님을 사랑하고 형제를 사랑하는 것입니다.

성경읽기 / 요한일서 4:19을 읽고 왜 우리가 사랑해야 하는지 말해봅시다.

나가는 말

그리스도인들은 하나님의 자녀입니다. 자녀는 아버지께 필요한 것을 구할 수 있고 아버지의 나라와 재산을 상속받을 권리가 있습니다. 우리는 자녀의 확신을 가지고 하나님 아버지를 사랑하며 또한 이웃 형제를 사랑하며 살아야 합니다. 천국 갈 때까지 이 땅에서 하나님의 자녀로서 '아버지가 나와 함께 하시는 축복' 과 '기도하면 응답받는 축복' 을 늘 누리면서 사시기 바랍니다.

나눔의 시간

1. 오늘 말씀을 통하여 느낀 점을 말해봅시다.
2. 나는 자녀로서의 특권을 누리며 의무를 잘 수행하고 있는지 나눠봅시다.

적용하기

오늘 말씀을 생활에 어떻게 적용할지 말해봅시다.

결단 및 합심기도

1. 자녀의 특권을 누리며 의무를 수행할 것을 다짐하며 기도합시다.
2. 우리 구역 부흥과 전도 대상자를 위하여 기도합시다.

감사 및 알림

헌금 및 기도, 교회 소식, 구역 소식, 다음 모임, 주기도

제19과 그리스도인의 신분

- 본문 / 베드로전서 2:9-10
- 인사 / 반갑습니다. 사랑합니다. 주님의 이름으로 축복합니다.
- 찬송 / 310, 304장
- 신앙고백 (기도)

말씀읽기

9 그러나 너희는 택하신 족속이요 왕 같은 제사장들이요 거룩한 나라요 그의 소유가 된 백성이니 이는 너희를 어두운 데서 불러내어 그의 기이한 빛에 들어가게 하신 이의 아름다운 덕을 선포하게 하려 하심이라
10 너희가 전에는 백성이 아니더니 이제는 하나님의 백성이요 전에는 긍휼을 얻지 못하였더니 이제는 긍휼을 얻은 자니라

생각하기 / 닭처럼 사는 독수리

나무꾼이 산에 가서 나무를 하다가 독수리 알을 주워 와서 마침 알을 품고 있는 암탉 아래에 넣었습니다. 몇 주가 지난 후에 병아리들이 부화되어 나왔습니다. 그때 병아리 틈에 몸집이 크고 깃털이 새까만 독수리 새끼도 부화되어 나왔습니다. 독수리 새끼는 여러 병아리 새끼 틈에서 병아리들과 어울리며 병아리들이 먹는 모이를 주워 먹으며 자라갑니다. 몇 달이 지난 후 병아리들이 이제 닭이 되었습니다. 독수리 새끼도 이제 몸집이 많이 커졌습니다. 그러나 여전히 닭 틈에 끼어서 걸어 다니며 모이를 주워 먹으며 살아갑니다. 어느 날 맑은 하늘에 새들이 날아 다니는 것을 본 독수리는 그 새들을 부러워합니다. 독수리가 자신의 신분을 모르고 닭처럼 살아가는 것입니다.

말씀 속으로

1. 우리는 택하신 족속입니다

베드로 사도는 그리스도인들을 향하여 "너희는 택하신 족속이요"라고 하였습니다. 베드로가 활동하던 당시에는 로마가 세계제국으로 많은 나라가 로마의 지배하에 있었습니다. 로마의 지배하에 있는 국민들이 로마의 시민권을 획득한다는 것은 어려운 일이었습니다. 많은 돈을 주고 시민권을 사거나, 로마 제국에 혁혁한 공을 세운 사람이 아니면 로마의 시민권을 얻기가 어려웠습니다.

하나님이 우리를 택하신 것은 어떤 자격이나 공로가 있어서 택하신 것이 아닙니다. 오직 하나님의 사랑과 은혜로 된 것입니다. 그리스도인들은 로마 황제나 그 어떤 임금보다도 우월한 하나님께 택함을 받았으며, 로마제국과 비교될 수 없는 하나님 나라의 시민으로 택함을 받은 것입니다. 우리가 하나님께 택함 받았다는 사실이 큰 은혜요 축복입니다.

성경읽기 / 에베소서 1:4을 읽고 우리를 언제 택하셨는지 말해봅시다

2. 우리는 왕 같은 제사장들입니다

왕 같은 제사장이란 왕과 제사장이 겸직된 신분을 말합니다. 구약시대에 제사장직은 왕 같은 권위를 가졌습니다. 제사장이 왕을 세우기도 하고 폐하기도 하였습니다. 제사장 여호야다는 아달랴를 폐위시키고 요아스를 왕으로 세웠습니다.(대하 23장) 사무엘 때도 사무엘이 사울에게 기름 부어 왕을 세웠고, 다윗에게 기름 부어 왕을 세웠습니다. 오늘 그리스도인들이 이처럼 왕 같은 제사장들이 된 것입니다. 구약시대에 제사장만이 하나님의 성소에 들어가 드릴 수 있는 제사를 오늘 우리가 하나님 앞에 나와서 제사를 드리고 있습니다. 그리스도인들에게는 왕권과 제사장권이 있습니다. 왕권을 가지고 예수 이름으로 명령

할 때 귀신도 떠나가고 질병에서 고침을 받기도 합니다. 그리스도인들은 왕권과 제사장권을 활용하고 누려야 합니다.

성경읽기 / 요한계시록 5:10을 읽고 하나님 앞에서 누구로 삼고 땅에서 무엇을 하리라고 했는지 말해봅시다.

3. 우리는 거룩한 나라요 그의 소유된 백성입니다

거룩한 나라란 구별된 나라에 속한 자란 의미입니다. 우리는 세상나라에 속한 자가 아니요 거룩한 나라, 하늘나라에 속한 자들입니다. 우리는 잠시 이 땅에 머물다가 우리의 고향인 거룩한 나라로 옮겨가게 됩니다. 그 나라는 죄가 없는 나라, 죽음이 없는 나라, 질병도, 고통도 없는 나라입니다. 그 나라가 우리가 가서 살 나라입니다. 그러므로 우리는 이 땅에서도 거룩한 나라 백성답게 살아야 합니다. 우리 자신이 하나님의 나라요 하나님 나라의 백성입니다. 하나님 나라의 백성들은 그리스도의 피로써 죄 씻음 받은 자들입니다. 그러므로 거룩한 나라요 거룩한 백성입니다. 하나님의 속성은 거룩입니다. 하나님께 속한 자도 거룩해야 합니다. 그리스도인들은 모두 하나님의 소유된 백성입니다. 그리스도께서 그 피로 값을 주고 샀기 때문입니다.(벧전 1:19) 우리는 값으로 환산할 수 없는 하나님의 소유가 된 소중한 존재들입니다.

성경읽기 / 베드로전서 2:9을 읽고 우리를 어두운 데서 불러내어 거룩한 백성을 삼으신 이유가 무엇인지 말해봅시다.

나가는 말

사람은 자신의 신분에 맞게 살고 행동해야 합니다. 그리스도인들은 하나님의 자녀요, 왕 같은 제사장이며 하나님께 속한 거룩한 백성들입니다. 그러므로 하나님의 자녀답게 살아야 하고 거룩한 사람으로 살아야 합니다. 하나님께서 우리를 택하시고 거룩한 백성을 삼으신 것은 하나님의 아름다운 덕을 선포하게 하려 하심이라고 하였습니다. 이제 우리는 다시 어두움의 공중 권세 잡은 마귀의 지배를 받아서는 안 됩니다. 소속과 신분이 바뀌었습니다. 천국 가는 그날까지 하나님의 은혜를 감사하며 아름다운 덕을 전파하며 살아가야 합니다.

나눔의 시간

1. 오늘 말씀을 통하여 느낀 점을 말해봅시다.
2. 우리는 병아리와 함께 살고 있는 독수리같이 자신의 신분을 모르고 살고 있지는 않은지 서로 나눠봅시다.

적용하기

오늘 말씀을 생활에 어떻게 적용할지 말해봅시다.

결단 및 합심기도

1. 거룩한 백성답게 살지 못한 것들을 회개하며, 하나님의 자녀요 왕 같은 제사장이요 거룩한 백성답게 살 것을 다짐하며 기도합시다.
2. 우리 구역 부흥과 전도 대상자를 위하여 기도합시다.

감사 및 알림

헌금 및 기도, 교회 소식, 구역 소식, 다음 모임, 주기도

제20과 주님의 신부

- 본문 / 요한계시록 21:9-11
- 인사 / 반갑습니다. 사랑합니다. 주님의 이름으로 축복합니다.
- 찬송 / 314, 315장
- 신앙고백 (기도)

말씀읽기

9 일곱 대접을 가지고 마지막 일곱 재앙을 담은 일곱 천사 중 하나가 나아와서 내게 말하여 이
르되 이리 오라 내가 신부 곧 어린 양의 아내를 네게 보이리라 하고 10 성령으로 나를 데리고
크고 높은 산으로 올라가 하나님께로부터 하늘에서 내려오는 거룩한 성 예루살렘을 보이니 11
하나님의 영광이 있어 그 성의 빛이 지극히 귀한 보석 같고 벽옥과 수정 같이 맑더라

생각하기 / 성 춘향과 이 도령

숙종 왕 때 전라도 남원 부사의 아들 이몽룡이 광한루에서 천하 미인 춘향이가 그네를 뛰는 것을 발견하고 한눈에 반하여 방자를 시켜 춘향을 불러오게 한 후, 두 사람은 서로 사랑하게 되고 백년가약을 맺게 됩니다. 그러나 얼마 후 이 도령은 서울로 과거 시험을 보러 가게 되고, 그 고을에 변 사또가 부임하여 날마다 향응을 즐기며 춘향에게 수청을 강요합니다. 춘향이 수청을 거절하자 변 사또는 크게 노하여 태형을 가하고 자신의 생일에 춘향이가 처형하겠다고 공포합니다.

이 도령은 과거에 장원급제하여 암행어사가 되어 걸인 복색을 하고 남원에 와서 춘향이가 갇혀있는 옥에 가서 춘향이를 만납니다. 춘향은 거지가 된 이 도령을 보고 이제 죽어도 한이 없다며 죽음을 각오합니다. 변 사또의 생일 날이 되어 춘향이를 죽이려는 순간 암행어사가 출두하여 변 사또를 파직하고 춘향을 구하여 후에 좌우영상까지 지내며 행복하게 살았다고 합니다. 그리스도인들은 주님의 신부로 믿음의 정조를 지키며 신랑 되신 주님을 기다리며 사모해야 합니다.

말씀 속으로

1. 그리스도인은 그리스도의 신부다

성경은 곳곳에서 믿는 자들을 주님의 신부로 비유하고 있습니다. 마태복음 25장에는 열 처녀 비유가 나오는데 여기 처녀들은 신랑 되시는 주님을 기다리고 있는 성도들을 비유한 것입니다.(마 25:1-13)

사도 바울은 고린도 성도들에게 "내가 너희를 정결한 처녀로 한 남편인 그리스도께 드리려고 중매한다."(고후 11:2)라고 하였습니다. 믿는 자들은 주님과 중매 된 주님의 신부들입니다. 사도 요한은 하늘에서 신부 곧 어린 양의 아내를 보게 되는데 이는 하늘에서 내려오는 거룩한 성 예루살렘으로 이스라엘의 열두 지파라고 하였습니다.(계 21:9-12) 이스라엘의 열두 지파는 택함 받은 모든 성도들을 상징합니다. 모든 그리스도인들은 주님의 신부입니다.

성경읽기 / 요한계시록 22:17에서 누가 누구를 오라고 초청하고 있는지 말해봅시다.

2. 신부는 신랑을 사모하며 사랑해야 한다

바울 사도는 남편과 아내의 관계를 그리스도와 교회 관계로 비유하면서 그리스도께서 교회를 사랑하여 자신을 주심같이 남편은 아내를 사랑하라고 하였으며 아내는 교회가 주께 하듯 복종하라고 하였습니다.(엡 5:24-25) 남편과 아내의 관계는 사랑이 기초가 되고 중심이 되어야 합니다. 사랑이 식으면 불행해지게 됩니다. 신랑 되시는 주님께서는 신부인 성도(교회)를 사랑하셨습니다. 그러므로 신부인 우리도 마땅히 주님을 사랑해야 합니다. 보이지 않으신 주님을 사랑하는 길은 보이는 교회를 사랑하며 주님의 말씀을 지키며 순종하는 것입니다. 사도 요한은 우리가 하나님을 사랑하는 것은 그의 계명을 지키는 것이라고 하였습니다.(요일 5:3) 또한 보이는 형제를 사랑하는 것이 주님을 사랑하는 것입니다. 주님은 지극히 작은 자 하나에게 한 것이 주님께 한 것이라고 하

였습니다.(마 25:40)

성경읽기 / 요한복음 13:1을 읽고 주님은 누구를 끝까지 사랑하였는지 말해봅시다.

3. 신부는 순결을 지켜야 한다

신랑 되신 예수님은 신부들이 있을 처소를 예비하러 하늘로 가셨습니다. 처소가 예비되면 신부들을 데리러 다시 오십니다. 그때에 신랑과 신부의 혼인식이 거행됩니다.(계 19:7) 어린 양의 혼인잔치에 청함을 받은 자들은 복이 있습니다.(계 19:9) 그렇다면 어떤 자가 어린 양의 혼인잔치에 청함을 받게 됩니까? 요한계시록 14장 4절에서는 어린 양과 함께 서 있는 14만 4천이 나오는데 이들은 "여자와 더불어 더럽히지 아니하고 순결한 자라 어린 양이 어디로 인도하든지 따라가는 자며… 처음 익은 열매로 하나님과 어린 양에게 속한 자들이니 그 입에 거짓말이 없고 흠이 없는 자들이더라."(계 14:4-5)라고 하였습니다. 어린 양의 혼인잔치에 참여할 자는 순결을 지키며 주님을 따르는 자들입니다. 즉 주님의 신부로 아름답게 단장한 자들이 혼인잔치에 참여하게 될 것입니다. 우리는 주님의 신부로 영적 순결을 지키며 주님만을 사랑하여 혼인잔치에 참여하는 자들이 되어야 합니다.

성경읽기 / 마태복음 25:3, 10에서 신랑을 맞이하지 못한 자들은 어떤 자들인지 말해봅시다.

나가는 말

그리스도인들은 주님의 신부입니다. 신부는 신랑을 사랑하며 사모하며 영적 순결을 지켜야 합니다. 성 춘향이가 이 도령만을 사랑하고 사모하여 순결을 지킨 것처럼 우리는 주님만을 사랑하며 믿음을 지켜야 합니다. 그리고 사랑하는 연인끼리 결혼 날짜를 받아놓고 준비하는 것처럼 우리는 주님과의 혼인기약이 다가옴을 알고 혼인잔치에 청함을 받도록 주님의 신부로서 주님 말씀을 지키며 주님이 어디로 인도하든지 따라가야 합니다.

나눔의 시간

1. 오늘 말씀을 통하여 느낀 점을 말해봅시다.
2. 나는 주님의 신부로서 혼인잔치 준비를 어떻게 하고 있는지 나눠봅시다.

적용하기

오늘 말씀을 생활에 어떻게 적용할지 말해봅시다.

결단 및 합심기도

1. 주님의 신부로서 주님을 사랑하고 사모하며 영적 순결을 지킬 것을 다짐하며 기도합시다.
2. 우리 구역 부흥과 전도 대상자를 위하여 기도합시다.

감사 및 알림

헌금 및 기도, 교회 소식, 구역 소식, 다음 모임, 주기도

제21과 하나님의 은혜를 알라

- 본문 / 에베소서 2:8-9
- 인사 / 반갑습니다. 사랑합니다. 주님의 이름으로 축복합니다.
- 찬송 / 310, 309장
- 신앙고백 (기도)

말씀읽기

8 너희는 그 은혜에 의하여 믿음으로 말미암아 구원을 받았으니 이것은 너희에게서 난 것이 아니요 하나님의 선물이라 9 행위에서 난 것이 아니니 이는 누구든지 자랑하지 못하게 함이라

생각하기 / 까마귀가 물어다 준 귀한 선물

전에 국민일보 월드 화제에 보도된 내용입니다. 미국 시애틀에 사는 8세 소녀인 게이 비만은 자신이 빵을 먹을 때 까마귀가 따라와서 먹던 빵조각을 조금 떼어주었는데 그 후 자주 까마귀가 나타나기에 이제는 매일 모이를 주며 돌보기 시작했습니다. 그 후부터 까마귀는 올 때마다 물건들을 하나씩 물고 와 모이통에 놓았는데 그중에는 귀고리 ,구슬, 반지, 클립 등 80여 종류가 됩니다. 한번은 까마귀가 베스트라고 새겨진 천을 물고 왔는데 이는 까마귀의 마음을 표현한 것이라고 생각했습니다. 까마귀는 소녀의 가족들과도 친해졌습니다. 한번은 소녀의 엄마가 카메라 렌즈 보호 뚜껑을 잃어버렸는데 까마귀들이 이를 찾아주기도 했습니다. 소녀가 외출하거나 돌아올 때는 전깃줄에 줄지어서 지저귀며 친구처럼 반겨줍니다. 소녀의 엄마는 BBC방송 인터뷰에서 까마귀들이 가족의 일거수일투족을 다 보고 있다고 했습니다. 까마귀도 은혜를 알고 은혜에 보답하려고 합니다.

말씀 속으로

1. 은혜로 구원받았다

하나님은 은혜로우신 하나님입니다. 은혜란 "값없이 받은 선물"이란 의미입니다. 하나님이 은혜로우시다는 말은 하나님은 값없이 우리에게 많은 것을 선물로 주시는 하나님이란 의미입니다. 내가 수고하고 노력해서 받은 것은 은혜가 아닙니다. 성경은 곳곳에서 "하나님은 은혜로우시며 자비로우시며 노하기를 더디 하시며 의로우시다."(시 103:8, 112:5)라고 증거합니다. 바울 사도는 우리가 구원받은 것이 하나님의 은혜로 되었다고 하였습니다. "허물로 죽은 우리를 그리스도와 함께 살리셨고 너희는 은혜로 구원을 받은 것이라."(엡 2:5) "너희는 그 은혜를 인하여 믿음으로 말미암아 구원을 받았으니 이는 하나님의 선물이라."(엡 2:8) 우리의 구원이 우리의 행위나 노력으로 된 것이 아니고 오직 하나님의 은혜로 된 것입니다. 우리는 이 하나님의 은혜를 알아야 합니다.

성경읽기 / 로마서 4:4에서 일하는 자가 받은 삯은 왜 은혜가 아닌지 말해봅시다

2. 은혜로 의롭다 하심을 받았다

아담의 후손으로 태어난 모든 사람은 죄의 신분을 가지고 태어납니다. 바울 사도는 "한 사람으로 말미암아 죄가 세상에 들어오고 죄로 말미암아 사망이 왔나니 모든 사람이 죄를 지었으므로 사망이 모든 사람에게 이르렀다."(롬 5:12)라고 하였습니다. 모든 사람 속에는 남녀노소, 흑백 인종은 물론이요 우리도 다 포함되어 있습니다. 그런데 죄인 된 우리가 하나님의 은혜로 값없이 의롭다 하심을 받게 되었습니다. 그러므로 예수 안에 있는 우리는 이제 죄인의 신분이 아니고 의인의 신분으로 바뀌었습니다. 이는 우리가 이제는 전혀 죄를 짓지 않는다는 말이 아닙니다. 우리가 연약하여 때때로 죄에 넘어질 때도 있지만 그럴

지라도 이제 의인의 신분이 된 것입니다. 이것이 하나님의 은혜입니다.

성경읽기 / 로마서 3:10을 읽고 누가 하나도 없다고 하였는지 말해봅시다.

3. 하나님은 은혜를 천만인에게 베푸신다

하나님의 은혜는 한이 없으십니다. 하나님의 은혜는 일반은혜와 특별은혜가 있는데 일반은혜란 모든 인류에게 베푸시는 은혜로 악인에게도 내리시는 은혜입니다. 하나님은 악인에게도 태양 빛을 비추시고, 공기를 주시며, 때에 따라 비를 내리시고, 심고 거두고 열매를 맺게 하십니다. 하나님의 일반은혜는 누구에게나 차별이 없이 내리십니다. 예레미야는 하나님은 은혜를 천만인에게 베푸신다고 하였습니다.(렘 32:18)

특별은혜란 하나님의 믿는 자들에게 주시는 은혜로 기도 응답의 은혜, 구원의 은혜, 치유의 은혜, 평안의 은혜, 영생의 은혜 등 많은 은혜가 있습니다. 하나님은 하나님을 사랑하고 하나님의 계명을 지키는 자에게는 천대까지 은혜를 베푸시는 하나님이십니다.

성경읽기 / 시편 102:14을 읽고 무엇까지도 은혜를 받는다고 하였는지 말해봅시다.

나가는 말

하나님은 은혜의 하나님이십니다. 하나님은 오늘도 모든 피조물에게 무한한 은혜를 내리고 계십니다. 하나님의 은혜가 없으면 사람은 물론 모든 생명체는 한 시간도 살 수 없습니다. 하나님이 공기를 거둬 가시거나 태양을 거둬 가신다면 인류뿐 아니라 모든 만물은 살 수 없습니다. 우리는 하나님의 은혜를 알고 은혜에 감사하며 보답하는 삶을 살아야 합니다. 바울 사도는 하나님의 은혜를 헛되이 받지 말라고 하였습니다.(고후 6:1)

나눔의 시간

1. 오늘 말씀을 통하여 느낀 점을 말해봅시다.
2. 나는 하나님의 은혜를 얼마만큼 느끼며 살고 있는지 또한 내가 받은 하나님의 특별한 은혜는 무엇인지 나눠봅시다.

적용하기

오늘 말씀을 생활에 어떻게 적용할지 말해봅시다.

결단 및 합심기도

1. 하나님의 은혜를 알지 못하고 산 것을 회개하며 하나님의 은혜에 감사하며 살 것을 다짐하며 기도합시다.
2. 우리 구역 부흥과 전도 대상자를 위하여 기도합시다.

감사 및 알림

헌금 및 기도, 교회 소식, 구역 소식, 다음 모임, 주기도

제22과 은혜를 받으라

- 본문 / 히브리서 4:16, 고린도후서 6:2하
- 인사 / 반갑습니다. 사랑합니다. 주님의 이름으로 축복합니다.
- 찬송 / 324, 263장
- 신앙고백 (기도)

말씀읽기

히 4:16 그러므로 우리는 긍휼하심을 받고 때를 따라 돕는 은혜를 얻기 위하여 은혜의 보좌 앞에 담대히 나아갈 것이니라

고후 6:2 보라 지금은 은혜 받을 만한 때요 보라 지금은 구원의 날이로다

생각하기 / 은혜의 통로

집에서 수도꼭지를 틀면 수돗물이 나옵니다. 수돗물은 저절로 나오는 것이 아닙니다. 강에 있는 물이 가정까지 오는 데는 수도관이 연결되었기에 수도꼭지를 틀면 물이 나오는 것입니다. 가정에 전기가 들어오는 것도 마찬가지입니다. 전기가 저절로 들어오는 것이 아니라 전깃줄을 통해서 전기 스위치를 켤 때 불이 들어옵니다.

하나님이 사람에게 은혜를 주시는 것도 은혜의 통로가 있습니다. 은혜의 통로란 은혜를 주시는 줄, 은혜의 관을 말합니다. 하나님이 은혜를 주시는 은혜의 통로는 몇 가지가 있는데 첫째는 말씀입니다. 하나님은 말씀을 통하여 은혜를 주십니다. 둘째는 기도며, 셋째는 성례를 통하여 은혜를 주십니다. 그리고 마지막에는 찬양을 통하여 은혜를 주십니다. 이는 모두 예배의 요소들입니다. 하나님은 예배를 통하여 은혜를 주십니다. 그러므로 은혜를 받으려면 예배를 사모하며 중히 여겨야 합니다.

말씀 속으로

1. 지금은 은혜 받을 때

그리스도인들이 신앙생활 할 때 은혜를 받으면 신앙생활이 즐겁고 신바람이 납니다. 그래서 교회 가는 것도 즐겁고 예배시간이 기다려지고 말씀을 들으면 아멘이 나오고, 봉사도 하고 싶고, 전도도 열심히 합니다. 그러나 은혜가 떨어지면 신앙생활이 힘들어집니다. 교회가기도 싫고 예배시간도 지루하고 감사가 사라지고 봉사도 하기 싫고 형식적인 신앙생활을 하게 됩니다. 그러므로 그리스도인들은 항상 은혜를 받고 은혜 충만한 신앙생활을 하여야 합니다. 그래서 성경은 은혜를 받으라고 합니다. 은혜 받는 것도 때가 있습니다. 바울 사도는 '지금이 은혜 받을 때라' 고 하였습니다(고후 6:2) 우리가 사는 시대는 은혜의 시대입니다. 은혜의 시대에 은혜 받지 못하고 은혜의 때가 지나면 넘어지게 됩니다. 하나님은 은혜를 주시기를 원하십니다. "나는 은혜 베풀 자에게 은혜를 베풀고."(출 33:19) 그러므로 우리는 은혜 받을 자가 되어야 합니다.

성경읽기 / 히브리서 12:28을 읽고 무엇을 받았은즉 은혜를 받자고 하였는지 말해봅시다.

2. 은혜의 보좌 앞으로 나아가자

은혜를 받으려면 은혜의 자리에 나아가야 합니다. 하나님은 은혜 받을 자에게 은혜를 주신다고 하였습니다. 이는 은혜 받을 자리에 있는 자에게 은혜를 주신다는 의미이기도 합니다. 히브리서 기자는 은혜를 받기 위해서는 "은혜의 보좌 앞에 담대히 나아갈 것이니라."(히 4:16)라고 하였습니다. 보좌란 주님이 좌정하신 자리를 말합니다. 은혜의 보좌 앞은 주님의 전입니다. 은혜를 받기 위해서는 하나님의 집이요 주님의 몸인 교회로 나아와야 합니다. 술집이나 도박장이나 어두움의 자리는 은혜의 자리가 아닙니다. 주님 전에 와서도 앞 좌석으로 나아갈수록 은혜를 많이 받게 됩니다. 하나님은 때를 따라 돕는 은혜를 베푸십니다. 그러므로 때를 따라서 주님의 보좌 앞으로 나아와야 합니다.

성경읽기 / 시편 102:13을 읽고 하나님께서 무엇을 긍휼히 여기실 때라고 하시며 무엇을 베푸실 때라고 하였는지 말해봅시다.

3. 더 큰 은혜를 사모하라

하나님은 은혜 주시기를 원하시지만 하나님의 특별은혜는 아무에게나 주시지 않습니다. 은혜를 사모하는 자에게 주십니다. 그러므로 은혜를 받으려면 은혜를 사모해야 합니다. 하나님은 사모하는 영혼을 만족케 하신다고 하였습니다.(시 107:9) 시인은 '내게 은혜를 베풀어 달라' 고 하나님께 은혜를 구하였습니다.(시 119:58) 믿음의 사람들은 이미 은혜를 받았지만 더욱 큰 은혜를 사모해야 합니다. 야고보 선생은 더욱 큰 은혜가 있다고 말씀합니다.(약 4:6) 또한 하나님은 겸손한 자에게 은혜를 주십니다. 더 큰 은혜를 받으려면 더욱 겸손해져야 합니다. 하나님은 교만한 자는 물리치시고 겸손한 자에게 은혜를 주시며(약 4:6) 또한 거만한 자를 비웃으시며 겸손한 자에게는 은혜를 베푸신다고 하였습니다.(잠 3:34)

성경읽기 / 역대하 32:25을 읽고 왜 하나님의 진노가 임했는지 말해봅시다.

나가는 말

하나님은 은혜 주시기를 원하십니다. 우리는 하나님의 은혜를 받아야 살 수 있습니다. 하나님은 겸손한 자에게 은혜를 베푸시고 사모하는 자에게 은혜를 주십니다. 그러므로 우리는 은혜의 보좌 앞에 나아와서 은혜를 사모해야 합니다. 은혜의 때가 있습니다. 지금이 은혜 받을 때입니다. 날마다 은혜를 사모하므로 더욱 큰 은혜를 받아 항상 신바람 나는 신앙생활을 하는 자들이 되십시다.

나눔의 시간

1. 오늘 말씀을 통하여 느낀 점을 말해봅시다.
2. 나는 신바람 나는 신앙생활을 하고 있는지 서로 나눠봅시다 신바람 나는 신앙생활을 못 하고 있다면 그 원인이 무엇인지 말해봅시다.

적용하기

오늘 말씀을 생활에 어떻게 적용할지 말해봅시다.

결단 및 합심기도

1. 신바람 나는 신앙생활을 못 하고 있다면 회개하고 이제부터 은혜를 받아 신바람 나는 신앙생활을 할 것을 다짐하며 기도합시다.
2. 우리 구역 부흥과 전도 대상자를 위하여 기도합시다.

감사 및 알림

헌금 및 기도, 교회 소식, 구역 소식, 다음 모임, 주기도

제23과 은혜에 감사하라

- 본문 / 시편 100:3-5
- 인사 / 반갑습니다. 사랑합니다. 주님의 이름으로 축복합니다.
- 찬송 / 370, 390장
- 신앙고백 (기도)

말씀읽기

3 여호와가 우리 하나님이신 줄 너희는 알지어다 그는 우리를 지으신 이요 우리는 그의 것이니 그의 백성이요 그의 기르시는 양이로다
4 감사함으로 그의 문에 들어가며 찬송함으로 그의 궁정에 들어가서 그에게 감사하며 그의 이름을 송축할지어다
5 여호와는 선하시니 그의 인자하심이 영원하고 그의 성실하심이 대대에 이르리로다

생각하기 / 일본 개 하치의 동상

일본에 개 하치 동상이 있답니다. 그 개는 주인이 사무실에 들어갔는데 나오지를 않아 계단 앞에서 주인을 기다립니다. 하루 이틀, 한 달, 두 달 자리를 뜨지 않습니다. 먹을 것을 가져다주면 먹고 그 자리에서 주인을 기다립니다. 주인이 사무실에 들어가 사고로 죽어 실려 나갔는데 그걸 모르고 계속 주인이 나오기를 기다립니다. 1년, 2년 거기서 기다리며 삽니다. 9년간을 주인을 기다리며 살다가 거기서 죽었답니다. 그래서 그 자리에 그 개의 기념 동상을 세웠는데 그게 '하치 동상' 이랍니다 개도 자기를 키워준 주인을 떠나지 않고 주인을 기다리며 살다가 그 자리에서 죽었습니다. 감사할 줄 모르는 사람은 개만도 못합니다.

말씀 속으로

1. 감사는 은혜에 대한 반응이다

은혜란 값없이 받은 선물입니다. 수고하지 않고, 값을 지불하지 않고 좋은 선물을 받은 자가 거기에 대한 반응을 보이는 것이 바로 감사입니다. 그리스도인들은 모두 하나님으로부터 구원을 선물로 받았습니다. 죄 사함을 받았습니다. 그리고 영원히 사는 영생을 얻었습니다. 이와 같은 엄청난 선물을 받았으니 마땅히 그 은혜에 대하여 감사해야 합니다. 이같은 은혜를 받고도 감사하지 않는다면 그는 짐승이나 버러지만도 못한 자가 됩니다. 고양이나 개와 같은 동물도 자기에게 잘해주면 잘해준 사람을 알고 반기며 표현을 합니다. 시인은 "내게 주신 모든 은혜를 내가 여호와께 무엇으로 보답할까."(시 116:12)라고 고백하였습니다. 그리스도인들은 이런 고백이 있어야 합니다. 성경은 하나님께 감사하라는 명령이 120여 회 나옵니다.

성경읽기 / 골로새서 2:6-7을 읽고 왜 감사하며 어떻게 감사해야 하는지 말해봅시다.

2. 감사함으로 그 문에 들어가라

시인은 본문에서 "감사함으로 그 문에 들어가서… 그에게 감사하며 그 이름을 송축할지라."라고 하였습니다. 여기 그 문이란 하나님의 전을 의미합니다. 하나님의 전은 신약시대에는 교회를 가리킵니다. 교회는 하나님의 집이요 주님의 몸입니다. 그리스도인들은 주님 앞에 나올 때마다 감사함으로 나아와야 합니다. 하나님께 받은 은혜에 대하여 감사의 표현을 해야 합니다. 감사할 때 하나님의 더 큰 은혜가 주어집니다. 감사할 때에 엔돌핀보다 사천 배가 강한 다이돌핀이 몸에서 생성된다고 합니다. 이는 하나님께서 감사하는 자에게 주시는 은혜요 축복입니다. 그러므로 우리는 주님 앞에 나올 때마다 감사함으로 나와서 하나님께 감사를 드리고 찬양을 드려야 합니다.

성경읽기 / 시편 116:12을 읽고 우리는 하나님의 은혜를 무엇으로 보답할 것인지 말해봅시다

3. 범사에 감사하라

옛말에 "은혜는 물에 새기고 원수는 돌에 새긴다."라는 말이 있습니다. 사람들은 자신이 남에게 베푼 것은 잊지 않고 받은 은혜는 쉽게 잊어버리는 경향이 있습니다. 그리스도인들은 내가 베푼 것은 속히 잊고 내가 받은 은혜는 오래도록 기억해야 합니다. 특히 하나님께 받은 은혜를 일평생 잊지 않고 감사하며 살아야 합니다. 다윗은 하나님의 모든 은혜를 잊지 말라고 하였습니다.(시 103:2) 이스라엘 백성들은 가나안 땅을 향해 갈 때 하나님의 크신 은혜를 잊어버리고 일이 있을 때마다 원망, 불평하므로 광야에서 죽었습니다. 우리는 인생길이 때때로 힘들고 험해도 천국을 바라보며 범사에 감사하며 살아야 합니다. 하나님의 은혜를 잊지 않고 감사를 습관화하여야 합니다. 발레리 엔더슨은 "감사는 결코 졸업이 없는 과정이다."라고 했습니다.

성경읽기 / 시편 103:2-5을 읽고 우리가 잊지 말아야 할 하나님의 은택이 무엇인지 말해봅시다.

나가는 말

어떤 사람은 말하기를 "노래는 부를 때까지 노래가 아니며, 종은 울릴 때까지 종이 아니고, 사랑은 표현할 때까지 사랑이 아니며, 축복은 감사할 때까지 축복이 아니다."라고 했습니다.

그리스도인들은 날마다 삶 속에서 "하나님 감사합니다."란 말을 표현하며 하나님이 우리 하나님이심과 우리는 그의 지으신 자요 그의 백성이요 기르시는 양이며 그의 자녀 됨을 인하여 항상 감사하며 살아야 합니다.

나눔의 시간

1. 오늘 말씀을 통하여 느낀 점을 말해봅시다.
2. 우리는 주께 받은 은혜가 무엇인지를 이야기해 보고 그 은혜를 무엇으로 보답할 수 있는지를 나눠봅시다.

적용하기

오늘 말씀을 생활에 어떻게 적용할지 말해봅시다.

결단 및 합심기도

1. 하나님의 크신 은혜를 잊지 않고 항상 감사하며 살 것을 다짐하며 기도합시다.
2. 우리 구역 부흥과 전도 대상자를 위하여 기도합시다.

감사 및 알림

헌금 및 기도, 교회 소식, 구역 소식, 다음 모임, 주기도

제24과 은혜 안에 거하라

- 본문 / 요한복음 15:4-5
- 인사 / 반갑습니다. 사랑합니다. 주님의 이름으로 축복합니다.
- 찬송 / 401, 406장
- 신앙고백 (기도)

말씀읽기

4 내 안에 거하라 나도 너희 안에 거하리라 가지가 포도나무에 붙어 있지 아니하면 스스로 열
매를 맺을 수 없음 같이 너희도 내 안에 있지 아니하면 그러하리라 5 나는 포도나무요 너희는
가지라 그가 내 안에, 내가 그 안에 거하면 사람이 열매를 많이 맺나니 나를 떠나서는 너희가
아무 것도 할 수 없음이라

생각하기 / 물을 떠난 고기

하나님은 우리에게 크신 은혜를 주셨습니다. 그리고 계속 은혜를 베풀어 주십니다. 이사야 선지자는 "여호와께서 기다리시나니 이는 너희에게 은혜를 베풀려 하심이요."(사 30:18상)라고 하였습니다. 우리는 하나님의 은혜로 구원받고, 은혜로 죄 사함 받고, 은혜로 영생을 얻었습니다. 이같이 큰 은혜를 받은 우리는 이제 은혜에 감사하며 은혜 안에 거하며 은혜를 기억하며 살아야 합니다. 은혜를 받고도 은혜를 잊어버리고 은혜 안에 거하지 못하면 그는 물을 떠난 고기와 같습니다. 물고기는 물 안에서 살 때 가장 자유롭고 행복하고 생명을 보존할 수가 있습니다. 물고기가 물의 은혜를 모르고 물속이 싫다고 떠난다면 얼마 가지 못해 죽고 맙니다. 그리스도인들도 하나님의 은혜를 모르고 은혜를 떠나면 영적으로 죽게 됩니다. 그러므로 그리스도인들은 은혜 안에 거해야 합니다.

말씀 속으로

1. 은혜 안에 거하는 것은 그리스도 안에 거하는 것이다

바울 사도는 성경 곳곳에서 그리스도 안에 있는 자들에게 문안하고(빌 4:21, 롬 16:7) 그리스도 예수 안에서 아브라함의 복이 이방인에게 미치기를 기원하였습니다. 예수를 믿는 모든 사람은 그리스도안에서 죄 사함을 받고 그리스도 안에서 구원을 받고 그리스도 안에서 하나님의 자녀가 되었습니다. 그러므로 우리는 항상 예수 안에서 살아야 합니다. 그리스도 예수 안에 있는 자들에게는 결코 정죄함이 없습니다.(롬 8:1) 예수님은 '나는 포도나무요 너희는 가지라' 고 하셨습니다.(요 15:5) 사람이 예수님 안에 거하지 아니하면 가지처럼 밖에 버려져 말라지나니 사람들이 그것을 모아 불에 던져 사르리라(요 15:6)고 하셨습니다. 가지가 나무에서 떨어지면 죽듯이 예수님에게서 떨어지면 죽게 됩니다.

성경읽기 / 갈라디아서 5:4을 읽고 어떤 자가 그리스도에게서 끊어지고 은혜에서 떨어진 자라고 하였는지 말해봅시다.

2. 은혜 안에 거하는 것은 사랑 안에 거하는 것이다

사랑 안에 거하는 것은 주님의 사랑을 받으며 사랑을 하고 또한 사랑을 누리며 사는 것을 말합니다. 예수님께서는 제자들에게 "아버지께서 나를 사랑하신 것 같이 나도 너희를 사랑하였으니 나의 사랑 안에 거하라."(요 15:9)라고 말씀하셨습니다. 우리가 어떻게 예수님의 사랑 안에 거할 수가 있습니까? 예수님께서 방법을 말씀해 주셨는데 이는 예수님의 계명을 지키는 것입니다. "내가 아버지의 계명을 지켜 그의 사랑 안에 거하는 것 같이 너희도 나의 계명을 지키면 내 사랑 안에 거하리라."(요 15:10) 예수님의 사랑 안에 거하는 것은 예수님의 계명을 지키는 것입니다. 예수님의 계명은 사랑입니다. "새 계명을 너희에게 주노니 서로 사랑하라 내가 너희를 사랑한 것 같이 너희도 서로 사랑하라."(요 13:34) 그러므로 사랑하며 사는 자는 계명을 지키는 자요 주님의 사랑 안에 거하는 자입니다. 주님의 사랑 안에 거하는 자는 또한 하나님 안에 거하는 자입니다.(요일 4:16)

성경읽기 / 요한일서 4:8을 읽고 사랑하지 아니하는 자는 누구를 알지 못한다고 하였는지 말해봅시다.

3. 은혜 안에 거하는 것은 믿음 안에 거하는 것이다

믿음 안에 거하는 것은 믿음으로 살고 어떤 환경이 닥쳐도 믿음을 지키는 것을 말합니다. 버가모교회 성도들은 주님의 이름을 굳게 잡고 충성된 증인 안디바가 죽임을 당할 때에도 주님을 믿는 믿음을 저버리지 아니하였다고 주님께 칭찬을 들었습니다.(계 2:13) 초대교회 성도들은 불시험을 당하면서도 믿음을 지켰습니다. 우리나라도 일제시대 주기철 목사, 안이숙 여사, 손양원 목사 등 많은 믿음의 선조들이 일제의 모진 고문과 박해 속에서도 믿음을 지켰습니다. 이제 우리도 믿음을 지키므로 믿음 안에서 살아야 합니다. 바울 사도는 "내가 그리스도와 함께 십자가에 못 박혔나니 그런즉 이제는 내가 사는 것이 아니요 오직 내 안에 그리스도께서 사시는 것이라 이제 내가 육체 가운데 사는 것은 나를 사랑하사 나를 위하여 자기 자신을 버리신 하나님의 아들을 믿는 믿음 안에서 사는 것이라."(갈 2:20)라고 하였습니다. 우리가 믿음 안에 없으면 우리는 버리운 자입니다.(고후 13:5) 우리는 힘들어도 믿음 지키며 믿음 안에서 살아야 합니다.

성경읽기 / 고린도후서 13:5을 읽고 무엇을 시험하여 보라고 하였는지 말해봅시다.

나가는 말

하나님은 우리에게 크신 은혜를 주셨습니다. 그리고 계속 은혜를 베풀어 주십니다. 이사야 선지자는 말하기를 "여호와께서 기다리시나니 이는 너희에게 은혜를 베풀려 하심이요."(사 30:18상)라고 하였습니다. 우리는 하나님의 은혜로 구원받고, 은혜로 죄 사함 받고, 은혜로 영생을 얻었습니다. 이같이 큰 은혜를 받은 우리는 이제 은혜에 감사하며 은혜 안에 거하며 은혜를 기억하며 살아야 합니다.

나눔의 시간

1. 오늘 말씀을 통하여 느낀 점을 말해봅시다.
2. 나는 주 안에서, 사랑 안에서, 믿음 안에서 살고 있는지 나눠봅시다.

적용하기

오늘 말씀을 생활에 어떻게 적용할지 말해봅시다.

결단 및 합심기도

1. 어떤 상황이 닥쳐도 주 안에서 살고 사랑 안에서 계명을 지키며 살고 믿음 지키며 살 것을 다짐하며 기도합시다.
2. 우리 구역 부흥과 전도 대상자를 위하여 기도합시다.

감사 및 알림

헌금 및 기도, 교회 소식, 구역 소식, 다음 모임, 주기도

제25과 다음 세대 교육의 중요성

- 본문 / 사사기 2:10-11
- 인사 / 반갑습니다. 사랑합니다. 주님의 이름으로 축복합니다.
- 찬송 / 380, 199장
- 신앙고백 (기도)

말씀읽기

10 그 세대의 사람도 다 그 조상들에게로 돌아갔고 그 후에 일어난 다른 세대는 여호와를 알지 못하며 여호와께서 이스라엘을 위하여 행하신 일도 알지 못하였더라 11 이스라엘 자손이 여호와의 목전에 악을 행하여 바알들을 섬기며

생각하기 / 대한민국의 현주소, 불명예의 1위

어느 통계에 나온 것을 보니 우리나라는 세계 1위가 많습니다.

◈ 고아 수출 1위
◈ 교통사고 사망률 1위
◈ 인터넷 음란물 다운로드율 1위
◈ 저출산율 1위
◈ 청소년 흡연 2위(여고생은 1위)
◈ 양주 소비량 1위
◈ 유네스코 청소년 문제 1위
◈ OECD 국가 중 자살률 1위, 1만3500명

이런 현실을 보면 앞날이 밝지만은 않습니다. 미래를 책임질 청소년 젊은이들이 잘못된 길로 빠지고 있다는 사실입니다. 왜 그렇습니까? 교육의 문제입니다. 특히 가정교육의 문제입니다. 비행 청소년이나 패륜아들은 대부분 불행한 가정에서 나온다는 사실은 이미 알려졌습니다.

말씀 속으로

1. 하나님을 체험한 세대들

모세가 죽고 여호수아가 이스라엘 백성들 인도하여 가나안 땅에 들어갔습니다. 여호수아는 평생 전쟁을 하여 가나안을 정복하고 그 땅을 각 지파에게 분배해 주었습니다. 여호수아가 사는 날 동안 백성들은 하나님을 잘 섬겼습니다. 그리고 여호수아 뒤에 생존한 장로들과 하나님께서 행하신 일을 체험한 자들이 사는 날 동안도 하나님을 잘 섬겼습니다. 그들은 하나님의 살아계심을 직접 체험한 세대들입니다. 요단강이 갈라지는 것을 체험하였고, 견고한 성 여리고가 무너지는 것도 체험하였습니다. 그리고 전쟁에 나갈 때마다 하나님이 이기게 하심을 체험하였습니다. 그들은 직접 모세를 통하여 하나님의 말씀을 전해 들었고 또한, 하나님의 역사하심을 직접 체험하였습니다. 체험신앙은 매우 중요합니다. 말로만 듣던 하나님의 기적을 직접 눈으로 보고 체험할 때 더욱 확신이 생깁니다. 오늘날에도 믿음으로 기도하고 말씀에 순종할 때 하나님의 역사하심을 체험할 수 있습니다.

성경읽기 / 요한복음 14:12에서 예수님을 믿는 자는 어떤 일을 할 것이라고 하였는지 말해봅시다.

2. 하나님을 알지 못한 세대

여호수아가 세상을 떠났습니다. 그 세대 사람도 다 세상을 떠났습니다. 그리고 다른 세대가 일어났습니다. 그런데 이 다른 세대는 하나님을 알지 못하고 하나님께서 이스라엘을 위하여 행하신 일도 알지 못하였습니다. 10절 말씀을 다시 봅시다. "그 세대 사람도 다 그 조상들에게로 돌아갔고 그 후에 일어난 다른 세대는 여호와를 알지 못하며 여호와께서 이스라엘을 위하여 행하신 일도 알지 못하였더라." 그들은 하나님의 목전에서 악을 행하며 바알 우상을 섬기기 시작했습니다.(11절) 그들이 하나님을 버리고 다른 신들을 섬기므로 하나님의 진노를 사게 됩니다.(12절) 하나님은 그들을 대적들에게 넘겨 대적들로 하여금 이스라엘을 치게 하셨습니다. 하나님께서는 그들이 어디를 가든지 재앙을 내리셨습니다.(15절) 그러므로 괴로움이 심했습니다.(15절하) 하나님의 백성이 하나님을 떠나면 재앙이 따릅니다.

성경읽기 / 하박국 2:19을 읽고 어떤 자에게 화가 있다고 하였는지 말해봅시다.

3. 다음 세대 교육의 중요성

여호수아와 그 세대 사람들은 하나님을 알고 하나님을 섬겼는데 그 이후 일어난 세대는 왜 하나님을 알지 못하였을까요? 이는 자녀들에게 신앙교육을 등한시하였기 때문입니다. 자신들은 하나님을 체험하고 하나님을 섬겼는데 자녀들에게는 하나님을 심어주지 못한 이유는 가나안 정복을 위한 전쟁에 올인하였기 때문입니다. 눈만 뜨면 정복전쟁에 나가고, 돌아오면 잠자기 바빠 자녀교육에 신경 쓰지 않았습니다. 신앙교육의 실패는 곧 개인과 민족의 멸망이라는 비극을 초래합니다. 자녀에게 아무리 좋은 환경과 좋은 조건을 물려주어도 믿음의 유산을 전수하지 못하면 그것은 모래 위에 세운 집과 같습니다. 바쁘다고 신앙교육을 등한시하면 개인도 망하고 가정도, 나라도 망하게 된다는 사실을 우리에게 가르쳐줍니다. 오늘 기성 세대는 다음 세대를 세우는 일에 전력해야 합니다.

성경읽기 / 요한복음 21:15에서 예수님은 베드로에게 누구를 먹이라고 명하셨는지 말해봅시다.

나가는 말

우리나라도 다음 세대들이 하나님을 떠나가고 있습니다. 하나님을 멀리하고 세상 쾌락, 유행, 물질 우상 등을 따라가고 있습니다. 하나님 말씀교육이 가정에서도 학교에서도 제대로 이루어지지 않고 있습니다. 교회에서는 다음 세대 교육기관인 주일학교(교회학교)가 사라지고 있습니다. 이대로 가다가는 우리나라에도 큰 재앙이 임할 수 있습니다. 지금 다음 세대들에게 하나님을 알게 하고 하나님을 심어줘야 합니다. 신앙교육의 실패는 결국 나라를 망하게 하는 결과를 가져옵니다. 지금 가장 시급한 것이 다음 세대를 전도해서 그들에게 하나님을 심어주는 것입니다. 이 일에 모두가 참여해야 합니다.

나눔의 시간

1. 오늘 말씀을 통하여 느낀 점을 말해봅시다.
2. 나는 가정에서 자녀들에게 하나님의 말씀을 가르친 적이 있는지 나눠봅시다.

적용하기

오늘 말씀을 생활에 어떻게 적용할지 말해봅시다.

결단 및 합심기도

1. 다음 세대를 전도해서 하나님을 알게 하므로 다음 세대를 살리는 일에 동참할 것을 다짐하며 기도합시다.
2.우리 구역 부흥과 전도 대상자를 위하여 기도합시다.

감사 및 알림

헌금 및 기도, 교회 소식, 구역 소식, 다음 모임, 주기도

제26과 유대인의 자녀교육

- 본문 / 신명기 6:4-7
- 인사 / 반갑습니다. 사랑합니다. 주님의 이름으로 축복합니다.
- 찬송 / 202,204장
- 신앙고백 (기도)

말씀읽기

4 이스라엘아 들으라 우리 하나님 여호와는 오직 유일한 여호와이시니 5 너는 마음을 다하고
뜻을 다하고 힘을 다하여 네 하나님 여호와를 사랑하라 6 오늘 내가 네게 명하는 이 말씀을 너
는 마음에 새기고 7 네 자녀에게 부지런히 가르치며 집에 앉았을 때에든지 길을 갈 때에든지
누워 있을 때에든지 일어날 때에든지 이 말씀을 강론할 것이며

생각하기 / 세계를 움직이는 유대인

유대인들이 세계를 움직이고 있습니다. 미국이 세계를 움직이는 것처럼 보이지만 유대인들이 미국을 움직이고 있기 때문입니다. 유대인들이 미국의 정치, 경제, 교육, 문화, 법조계를 움직이고 있습니다. 뉴욕 맨해튼의 금융가가 대부분 유대인들이 주인이며 미국연방 은행 발권과 영국은행 발권을 유대인들이 장악하고 있습니다. 유대인들이 미국의 교육계를 움직입니다. 2009년 조사 결과, 미국의 10대 명문대 교수의 30%, 하버드 대학생 30%, 예일 대학생의 25%, 중고교사 50%, 70만 명의 미국 변호사 중 14만여 명인 20%가 유대인이었습니다. 미국의 대표 언론인 LA 타임스, 뉴욕 타임스, UP 통신이 유대인이 운영하고, 세계 노벨상을 받은 자의 30%가 넘는 250여 명이 유대인입니다. 세계 인구의 0.2%밖에 안 되는 1,500만의 유대인들이 어떻게 세계를 움직이고 있을까요?

말씀 속으로

1. 유대 교육은 하나님 말씀교육이다

세계에서 자녀교육을 가장 잘하는 민족은 유대인들입니다. 유대인 어머니의 교육열은 대단합니다. 얼마나 극성스러운지 '쥬이쉬 맘(Jewish Mom)' 이라는 단어가 생겨날 정도입니다. 자녀들에게 최초의 교육자는 어머니입니다. 유대인은 자녀에게 성경말씀을 철저하게 가르칩니다. 유대인들은 세 살 때부터 토라인 창세기, 출애굽기, 레위기, 민수기, 신명기 등 성경말씀을 가르칩니다. 유대인들은 모든 학문 중에서, 토라, 율법을 최고의 학문으로 중요시합니다. 토라는 하나님이 직접 주신 모든 지식의 근원이기 때문입니다.

일곱 살이 되면 이 성경말씀에 근거하여 천문학, 보건위생, 해부학, 법률, 윤리생활까지 다루는 탈무드를 가르칩니다. 어릴 때부터 성경을 배우고, 성경에 근거한 지식을 습득함으로 성경 중심의 가치관을 갖게 해줍니다. 그들이 어릴 때부터 외우고 익힌 성경말씀이 그들의 지식의 기반이요 삶의 기초입니다.

성경읽기 / 디모데후서 3:15을 읽고 디모데는 언제부터 성경을 배웠는지 말해봅시다.

2. 유대 교육은 하나님 경외 교육이다

신명기 6장 4~7절 말씀은 교육의 대헌장이라고 합니다. 유대인들은 이 말씀을 교육의 지표로 삼습니다. 하나님께서 명령하신 것을 아들과 손자와 자자손손에게 잘 가르칠 때 하나님께서 그 땅에 복을 주시고, 그 나라에 복을 주시고, 그 민족에게 복을 주셔서 바로 젖과 꿀이 흐르는 가나안 땅으로 만들어 주시겠다고 약속하신 것입니다. 그리고 하나님은 유일하신 하나님이니 마음을 다하고 뜻을 다하고 힘을 다하여 하나님을 사랑하라는 것입니다. 이 말씀을 마음에 새기고 자녀에게 가르치도록 명령하고 있습니다.(신 6:5-7) 이같은 교육이 오늘의 유대인을 만들었습니다. 우리나라도 세계를 지배하는 민족이 되고 세계적인 인물들이 많이 나오려면 하나님 말씀교육을 철저히 해야 합니다.

성경읽기 / 신명기 28:13에서 하나님은 어떤 자에게 머리가 되게 하시겠다고 하였는지 말해봅시다.

3. 유대 교육은 개성을 살리는 교육이다

유대인 어머니들에게는 남다른 교육관이 있습니다. 자녀들을 남들과 똑같이 키우지 않고 각자의 장점을 찾아 개발해 주는데 힘씁니다. 저들은 '남을 이기라' 가 아니라, '남과 다르게 되라' 고 가르칩니다. 우리나라 부모들은 학교나 사회에서 1등을 하라고 가르칩니다. 그러나 1등하는 사람은 단 한 사람뿐입니다. 다 1등을 할 수는 없습니다. 그러므로 나머지는 항상 스트레스를 받게 됩니다. 유대인들은 몸을 쓰는 일보다 몸과 머리를 함께 쓰는 일을 하도록 가르치며, 하기 싫은 일은 하지 말되 하려면 최선을 다하도록 가르칩니다. 그들은 아버지는 정신적 지주로 아버지의 권위를 중요시하고 배움을 중요시합니다. 유대인에게 성경은 최고의 지혜의 책입니다. 성경에서 지혜의 샘의 근원을 찾습니다.

우리도 자녀들이 모든 지혜의 근본이 되는 성경을 공부하고 배우도록 해야 합니다.

성경읽기 / 디모데후서 3:15을 읽고 성경은 우리로 하여금 어떤 지혜가 있게 하는지 말해봅시다.

나가는 말

유대인 어머니의 교육은 하나님 말씀 중심의 교육입니다. 그들은 어렸을 때부터 모세오경 교육을 합니다. 그리고 안식일을 철저히 지킵니다. 그들은 안식일에 회당에 가서 토라를 읽습니다. 그리고 집에 돌아와서 아버지가 자녀들과 대화를 나눕니다. 안식일에는 라디오도 듣지 않고 텔레비전도 보지 않습니다. 철저하게 성경말씀을 읽고 가족이 함께 대화하며 시간을 보냅니다. 이런 유대인들의 교육에서 세계적인 석학들과 지도자들이 나옵니다. 우리나라 부모들의 교육열은 유대인 못지않습니다. 그러나 유대인을 앞서지 못하는 이유는 오직 하나, 하나님 말씀 교육에서 뒤지고 있기 때문입니다. 말씀 교육에 앞선다면 유대인을 앞설 수 있을 것입니다.

나눔의 시간

1. 오늘 말씀을 통하여 느낀 점을 말해봅시다.
2. 나는 자녀를 키울 때 말씀 교육을 얼마나 했는지 나눠봅시다.

적용하기

오늘 말씀을 생활에 어떻게 적용할지 말해봅시다.

결단 및 합심기도

1. 하나님 말씀 교육을 소홀히 한 것을 회개하며 이제라도 말씀 교육에 힘쓸 것을 다짐하며 기도합시다.
2. 우리 구역 부흥과 전도 대상자를 위하여 기도합시다.

감사 및 알림

헌금 및 기도, 교회 소식, 구역 소식, 다음 모임, 주기도

제27과 마땅히 행할 길을 가르치라

- 본문 / 잠언 22:6, 에베소서 6:4
- 인사 / 반갑습니다. 사랑합니다. 주님의 이름으로 축복합니다.
- 찬송 / 384, 200장
- 신앙고백 (기도)

말씀읽기

잠 22:6 마땅히 행할 길을 아이에게 가르치라 그리하면 늙어도 그 길을 떠나지 아니하리라

엡 6:4 또 아비들아 너희 자녀를 노엽게 하지 말고 오직 주의 교훈과 훈계로 양육하라

생각하기 / 링컨의 어머니 낸시의 유언

링컨의 어머니 낸시는 아들이 말하기 시작했을 때부터 매일 성경을 읽어주었습니다. 그 어머니는 링컨이 아홉 살 되었을 때 세상을 떠났습니다. 그때 링컨에게 이런 유언을 남겼습니다. "사랑하는 내 아들아, 매일 성경을 읽어라. 인생의 위기가 닥칠 때 더욱 열심히 성경을 읽어라. 네 삶의 기준을 하나님 말씀에 두고 살아라."

이 유언대로 살아서 미국의 가장 위대한 대통령이 된 링컨은 다시 이런 말을 남겼습니다. "하나님이 인류에게 주신 가장 큰 선물은 성경이며, 세상의 모든 책을 다 모아도 성경을 능가하지 못한다." 라고 했습니다. 링컨의 어머니는 성경 한 권으로 링컨을 세계적인 인물로 만들었습니다. 우리 자녀들에게 성경을 읽어주고 들려주고 가르쳐야 합니다. 믿음을 심어줘야 합니다.

말씀 속으로

1. 하나님 섬기는 법을 가르치라

마땅히 행할 길이란 인간의 본분을 의미합니다. 솔로몬은 전도서에서 인간의 본분은 하나님을 경외하며 그 계명을 지키는 것이라고 하였습니다.(전 12:13) 하나님을 경외하는 것은 하나님을 높이고 존경하며 섬기는 행위를 말합니다. 하나님을 섬기는 것이 인간의 본분입니다. 그러므로 아이들에게 하나님 섬기는 법을 가르쳐야 합니다.

레위기의 제사법은 하나님 섬기는 법입니다 신약시대의 예배는 하나님을 섬기는 예식입니다. 우리는 예배를 소중히 여기고 하나님을 바르게 섬겨야 합니다. 자녀들에게도 예배시간이 하나님 섬기는 시간임을 가르쳐야 합니다. 예배시간에 뛰어다니지 못하게 해야 합니다. 자녀들은 교육하기에 달려있습니다. 내버려두면 곁길로 갑니다. 나중에는 잡히지 않습니다. 아이 때 교육해야 합니다. 자녀는 부모가 하는 대로 따라 합니다. 부모와 성인들은 하나님 섬기는 본을 보여야 합니다. 아이들에게 하나님을 높이고 존경하며 두려워할 줄 알고 바르게 섬기도록 가르쳐야 합니다.

성경읽기 / 신명기 4:10을 읽고 세상사는 날 동안 무엇을 배우게 하며 누구에게 가르치게 하리라고 하였는지 말해봅시다.

2. 하나님의 명령을 지키도록 가르치라

모세는 "오늘 내가 네게 명하는 이 말씀을 너는 마음에 새기고 네 자녀에게 부지런히 가르치라."(신 6:6-7)라고 하였습니다. 하나님의 명령을 요약한 것이 십계명입니다. 십계명은 하나님만 섬기며 안식일을 기억하여 지키고, 부모를 공경하며, 이웃을 사랑하는 것입니다. 십계명의 핵심은 하나님 사랑과 이웃사랑입니다. 하나님을 사랑하는 방법이 하나님의 계명을 지키는 것입니다.(요일

5:3) 하나님은 하나님을 사랑하고 계명을 지키는 자들에게 천대까지 은혜를 베푸시겠다고 하셨습니다.(신 5:10) 그리고 주님이 우리를 사랑한 것처럼 이웃을 사랑하고 섬기며 살도록 가르쳐야 합니다.(요 13:34) 사랑은 계명의 핵심이요 주님이 주신 새 계명입니다. 계명을 지키는 것이 마땅히 행할 길입니다.

성경읽기 / 신명기 7:11을 읽고 무엇을 지켜 행하라고 하였는지 말해봅시다.

3. 아이에게 가르치라

"마땅히 행할 길을 아이에게 가르치라."라고 하였습니다. 아이 때의 교육이 가장 효과가 있기 때문입니다. 자녀교육은 최대한 어렸을 때부터 시작해야 합니다. 요즘은 조기교육이 좋다고 해서 영아 때부터 영어교육을 시킵니다. 말씀 교육도 어렸을 때부터 시작해야 합니다. 모세는 "자녀에게 부지런히 가르치라 그들이 집에 앉았을 때에든지 길에 행할 때에든지 누웠을 때에든지 일어날 때든지 부지런히 하나님의 말씀을 강론하라."(신 6:7)라고 하였습니다. 아이 때 교육이 평생 갑니다. 아이 때 가르치면 늙어도 그 길을 떠나지 아니합니다.

교부 익나티우스 노욜라는 "나에게 어린이를 그의 일생에 있어 7년간만 맡기라. 그 후에는 누가 데려가도 상관치 않겠다."라고 하였습니다. 어린 시절에 7년, 그 시기의 교육이 결정적이라는 것입니다.

프랑스의 생리학자인 토리스는 "7세까지 교육의 할 일은 사실 끝났다. 7세 이후의 교육은 7세까지의 토대 위에 세워지는 것이다."라고 했습니다.

성경읽기 / 잠언 1:8에서 무엇을 듣고 무엇을 떠나지 말라고 하였는지 말해봅시다.

나가는 말

자녀교육은 부모들에게 주어진 하나님의 준엄한 명령이요 거룩한 사명입니다. 자녀교육은 하나님이 명령이기 때문에 순종하면 복이 있고, 순종하지 아니하면 화가 되는 것입니다. 오늘날 우리나라 교육에 많은 문제가 있지만 가장 근본적인 문제는 가정에서의 말씀교육이 부실하다는 것입니다. 자녀교육을 학교와 학원에 너무 의존하고 있습니다. 학교와 학원교육은 지식교육입니다. 가정과 교회에서 하나님 말씀으로 교육되지 않으면 그 자녀는 실패한 인생이 될 것입니다. 부모의 사명 중 가장 큰 것은 자녀에게 말씀을 가르치는 것입니다.

나눔의 시간

1. 오늘 말씀을 통하여 느낀 점을 말해봅시다.
2. 나는 자녀에게 하나님 섬기는 법을 어떻게 가르치고 있는지 나눠봅시다.

적용하기

오늘 말씀을 생활에 어떻게 적용할지 말해봅시다.

결단 및 합심기도

1. 내가 하나님을 바르게 섬기지 못한 것을 회개하며 하나님 섬김에 본을 보일 것을 다짐하며 기도합시다.
2. 우리 구역 부흥과 전도 대상자를 위하여 기도합시다.

감사 및 알림

헌금 및 기도, 교회 소식, 구역 소식, 다음 모임, 주기도

제28과 신앙의 명문가를 만들라

- 본문 / 시편 112:1-4
- 인사 / 반갑습니다. 사랑합니다. 주님의 이름으로 축복합니다.
- 찬송 / 445, 455장
- 신앙고백 (기도)

말씀읽기

1 할렐루야, 여호와를 경외하며 그의 계명을 크게 즐거워하는 자는 복이 있도다 2 그의 후손이
땅에서 강성함이여 정직한 자들의 후손에게 복이 있으리로다 3 부와 재물이 그의 집에 있음이
여 그의 공의가 영구히 서 있으리로다 4 정직한 자들에게는 흑암 중에 빛이 일어나나니 그는
자비롭고 긍휼이 많으며 의로운 이로다

생각하기 / 미국 동양계 최고의 교육가정

『섬기는 부모가 자녀를 큰사람으로 키운다』라는 책을 쓴 전혜성 박사는 신앙인으로 이화여대 2학년 때 미국으로 유학을 가 사회학 박사와 인류학 박사 학위를 받고 교수로 생활하며 여섯 아이를 길렀는데, 이 여섯 자녀가 모두 하버드대와 예일대를 졸업하였고 한 가족이 열한 개의 박사 학위를 취득하였습니다. 이 자녀들은 미국 명문대 교수, 국무부 차관보, 매사추세츠주 보건후생부 장관, 하버드대 공공보건대학원 부학장, 예일대 법대 학장 등을 역임하고 있는데 예일대 200년 역사상 남매(홍주 · 경은)가 석좌 교수 이상에 임명된 경우도 처음 있는 일이었고, 미국 이민 100년사에 미국에 영향력을 끼친 100명 가운데 세 사람이 뽑혔습니다. 미국 교육부가 이 가족을 '동양계 미국인 가정교육 연구 대상' 으로 선정하였습니다. 그의 자녀 교육의 핵심은 섬기는 자로 기르라는 것을 강조하고 있습니다.

말씀 속으로

1. 하나님을 경외하라

신앙의 명문가문을 만들려면 먼저 가정이 하나님을 경외하여야 합니다. 하나님을 경외하는 자는 복이 있다고 하였습니다. 하나님을 경외한다는 말은 하나님을 높이고 하나님을 존경하고 두려워하므로 바르게 섬기는 행위입니다. 하나님은 하나님을 경외하는 자에게 놀라운 복을 약속하셨습니다. 하나님을 경외하면 본인이 복을 받아 누리게 될 뿐만 아니라 그의 후손에게도 복이 임하여 후손이 땅에서 강성하게 됩니다.(시 112:2) 하나님을 경외하는 자에게는 경제적인 복을 주셔서 부와 재물이 그 집에 있게 하리라고 하셨습니다. 하나님을 경외하는 자에게는 흑암 중에 빛이 일어난다고 하였습니다. 이는 하나님을 경외할 때 신앙의 명문가를 이루어 자자손손이 복을 받고 위대한 인물이 그의 가문에서 나오리라는 말씀입니다.

성경읽기 / 신명기 10:12을 읽고 하나님이 요구하시는 것이 무엇인지 말해봅시다.

2. 말씀을 가르쳐라

신앙의 명문가가 되려면 자녀에게 하나님의 계명을 가르쳐야 합니다. 영화배우 남궁원 씨(본명 홍경일) 부부는 자녀교육에 대하여 대한민국 부모들에게 큰 충격을 준 적이 있습니다. 남궁원 씨의 아들 홍정욱은 미국 하버드대학교에 우수한 성적으로 입학하였고 졸업할 때 세 개 부문에서 중요한 상(償)을 받았습니다. 어머니 양춘자 씨가 밝힌 교육의 비결은 이런 것입니다. "단 한 번도 아들에게 과외공부를 시킨 적이 없었고 대신에 성경 과외공부를 시켰습니다. 성경공부 선생님을 가정으로 모셨습니다. 매일 와서 성경을 인물중심으로 가르치도록 하였습니다. 남들은 대학입시 공부에 열중할 때 성경을 가르쳤습니다. 그렇게 하였더니 솔로몬처럼 지혜로운 아들이 되어 천재 소리를 듣게 되었다고 하였습니다. 그 아들이 18대 노원 갑에서 국회의원이 된 홍정욱 의원입니다. 하나님의 말씀은 영혼을 소성케 하고 우둔한 자를 지혜롭게 합니다.(시 19:7)

성경읽기 / 잠언 16:16을 읽고 지혜를 얻는 것이 무엇보다 낫다고 하였는지 말해봅시다.

3. 주를 위해 헌신하며 자녀를 위해 기도하라

신앙의 명문가를 만들려면 먼저 주를 위해 헌신, 충성해야 합니다.

유계준 장로는 조만식 장로와 함께 장대현 교회 주기철 목사님 교회의 장로님이셨습니다. 그의 아버지는 하나님을 사랑하고, 교회에 충성하며, 전도도 열심히 하고, 주의 일에 일생을 바친 분이십니다. 그의 후손들이 복을 받아 신앙의 명문가가 되었습니다.

유계준 장로님은 8남매를 두셨는데, 첫째가 메디컬 센터의 원장인 유기원 박사며, 둘째가 치과 의사 유기형 박사, 셋째가 의사인 유기선 박사, 넷째는 서울대 법대 학장인 유기천 박사, 다섯째가 의사인 유기진 박사, 여섯째가 역시 의사로 유기옥 박사, 일곱째가 약사로 유기숙 박사, 여덟째 막내가 의사로 유기묵 박사입니다.

8남매가 의사, 약사, 교수 등 모두 다 박사가 되었습니다. 그의 손자와 증손자들을 모두 합하면 후손이 모두 108명인데 거의 다 박사라는 것입니다. 아버지가 교회에 헌신하며 충성하니까 자손들이 다 존경받는 사회의 지도자가 되어 신앙의 명문가를 이루었습니다.

성경읽기 / 신명기 11:27에서 어떻게 하면 복이 된다고 하였나요?

나가는 말

미국 뉴욕 교육부에서 팀 라헤이 교수가 두 가정 5대까지를 연구하여 발표했는데 믿음 좋은 요나단 에드워드 가정은 5대 후손이 896명으로 그중에 성직자가 116명, 대학 총장 학장 86명, 문학가가 75명, 법관 판사 변호사가 60명, 의사가 13명, 과학자가 21명, 국회의원이 4명, 부통령이 1명, 장로 집사 등이 286명으로 660여 명이 사회 지도자들이었습니다.

다른 한 가정은 무신론자 막스축의 가문인데 1,062명의 자손 중 교도소 생활자가 96명, 알코올 중독자가 56명, 윤락 여성이 65명, 강도 절도 범죄자가 190명, 극빈자 286명 등이었습니다. 신앙과 불신앙이 자손들에게 어떤 영향을 끼쳤는가를 잘 보여줍니다.

나눔의 시간

1. 오늘 말씀을 통하여 느낀 점을 말해봅시다.
2. 신앙의 명문가문을 만들기 위해 어떻게 할 것인가 나눠봅시다.

적용하기

오늘 말씀을 생활에 어떻게 적용할지 말해봅시다.

결단 및 합심기도

1. 나 자신이 하나님을 바르게 섬기며 자손에게 말씀을 가르치고 주를 위해 헌신하며 살 것을 다짐하며 기도합시다.
2. 우리 구역 부흥과 전도 대상자를 위하여 기도합시다.

감사 및 알림

헌금 및 기도, 교회 소식, 구역 소식, 다음 모임, 주기도

제29과 거짓 선지자를 삼가라

- 본문 / 마태복음 7:15-18
- 인사 / 반갑습니다. 사랑합니다. 주님의 이름으로 축복합니다.
- 찬송 / 260,262장
- 신앙고백 (기도)

말씀읽기

15 거짓 선지자들을 삼가라 양의 옷을 입고 너희에게 나아오나 속에는 노략질하는 이리라 16
그들의 열매로 그들을 알지니 가시나무에서 포도를, 또는 엉겅퀴에서 무화과를 따겠느냐 17
이와 같이 좋은 나무마다 아름다운 열매를 맺고 못된 나무가 나쁜 열매를 맺나니 18 좋은 나무
가 나쁜 열매를 맺을 수 없고 못된 나무가 아름다운 열매를 맺을 수 없느니라

생각하기 / 미혹

어르신들이 건강식품이나 의료 기구를 파는 곳에 갔다가 수십만 원짜리 약을 사기도 하고, 수백만 원짜리 기구를 사서 자식들과 갈등을 겪기도 합니다. 그들의 말을 들으면 그 약이 만병통치처럼 들리고 그 기구만 이용하면 모든 병이 나을 것처럼 믿기 때문입니다. 또한 그곳에 가면 멋지게 생긴 사람들이 "어머님! 아버님!" 하면서 착 달라붙어서 마음을 끌며 며느리보다 훨씬 친절한 아가씨들이 "아버님!" 하며 비위를 맞추니 거기에 속아 넘어간다는 것입니다.

남자들이나 여자들이 유혹에 빠지는 것은 처음부터 작정하고 넘어가는 것이 아니라 "사장님, 사모님!" 하면서 친절하게 애교를 떨며 달려들어서 미혹하면 가정에서 받아보지 못한 친절함과 호감에 속는 줄 알면서도 소위 꽃뱀에게 물린다는 것입니다. 거짓 선지자들도 위와 같은 방법으로 성도에게 접근하며 미혹합니다.

말씀 속으로

1. 거짓 선지자가 누구인가?

거짓 선지자란 진리가 아닌 것을 진리처럼 전하며 미혹하는 자들을 말합니다. 저들은 속과 겉이 다른 자들입니다. 예수님께서는 저들을 가리켜 양의 옷을 입고 너희에게 나아오나 속에는 노략질하는 이리라고 하셨습니다.(마 7:15) 예수님께서는 마지막 때가 되면 거짓 선지자가 많이 나타나 사람들을 미혹하리라고 하셨습니다.(마 24:11)

오늘 우리 주위에는 거짓 선지자들이 많이 나타나서 성도들을 미혹하고 있습니다. 자칭 예수라고 하는 자들도 나타났고, 자기에게 와야 구원 받는다고 전하는 자들도 나타났고, 죽은 자를 하나님이라고 전하는 자들도 나타나서 순진한 자들을 미혹하고 있습니다. 통계에 의하면 자칭 예수가 우리나라에 27명, 자칭 하나님이 39명이 있다고 합니다. 저들은 거리마다 집마다 다니며 사람들을 거짓 진리로 미혹합니다.

성경읽기 / 베드로후서 2:1을 읽고 민간에 누가 많이 나타났다고 하는지 말해봅시다.

2. 미혹을 받지 않도록 주의하라

약장사의 말을 들으면 그 약이 만병통치약처럼 들립니다. 그래서 약을 사지만 효과는 없고 후에 속았다는 것을 깨닫습니다. 거짓 선지자의 말을 들으면 그곳에 가야만 구원받는 줄 알고 따라갑니다. 이후에 속았다는 것을 알지만, 그때는 이미 늦습니다. 그래서 주님은 미혹을 받지 않도록 주의하라고 경고하시며 거짓 선지자를 삼가라고 하셨습니다. 요즘 우리 주위에서 가장 극성을 부리며 물의를 일으키는 거짓 선지자 이단들은 신천지의 이만희와 안상홍의 하나님의 교회, 박옥수의 기쁜 소식 선교회 등입니다. 이들은 성경을 가지고 미혹합니다. 성경을 비유로 풀어야 한다느니, 요한계시록을 알아야 구원받는다느니, 기성교회는 구원이 없다느니 하면서 기존 신자들에게 접근하며 거짓으로 미혹합니다. 이런 말을 하는 자들은 거짓 선지자요 이단임을 알고 멀리하며 피해야 합니다.

성경읽기 / 마태복음 24:11에서 예수님은 누가 많이 일어나 많은 사람을 미혹한다고 하였나요?

3. 거짓 선지자들의 특징

거짓 선지자들의 특징을 열 가지로 요약하면 다음과 같습니다.

① 믿는 가정을 찾아다니며 성경공부하자고 접근한다.

② 기존 교회를 비판하고 자기 집단에 와야 구원받는다고 한다.

③ 자신이 직접 계시를 받았다고 하면서 자신의 체험을 강조한다.

④ 성경은 비유로 돼 있다고 하면서 비유를 알아야 한다고 한다.

⑤ 예수님이 이미 재림했다고 하며 재림 예수에게 가자고 한다.

⑥ 예수님 외에 다른 구원자가 있다고 하면 이단이다.

⑦ 사도신경을 고백하지 않거나 사도신경과 다른 말을 한다.

⑧ 믿음으로 구원받는 것보다 헌금, 전도 등을 해야 14만 4천에 든다.

⑨ 예수님의 죽음, 부활, 재림, 대속 등 하나라도 부인한다.

⑩ 거짓을 말하고 행위가 바르지 않으며 열매가 아름답지 않다.

거짓 선지자나 이단들은 대부분 성적으로 문란하거나 물질을 탐합니다. 위와 같은 말을 하거나 주장하는 자들은 100%로 거짓 선지자들입니다.

성경읽기 / 요한일서 4:1을 읽고 영들을 다 믿지 말고 어떻게 하라고 하였는지 말해봅시다.

나가는 말

우리가 사는 이 시대는 영적으로 어둡고 혼란의 시대입니다. 우리 주변에는 거짓 선지자들이 양의 탈을 쓰고 참선지자처럼 가장하여 우리를 미혹하고 있습니다. 지금도 우리 주변에는 신천지, 하나님의 교회 안상홍 증인회, 기쁜 소식 선교회, 구원파, 통일교, 몰몬교, 안식교 등 수없이 많은 거짓 선지자와 이단 종파들이 우리를 미혹하고 있습니다. 또한, 종교적인 혼합주의가 일어나고 자칭 예수들이 등장하며 기독교를 대적하는 사탄의 세력들이 등장하여 기독교를 공격하고 있습니다. 이때 방심하면 이단에 넘어가고 또한 믿음에서 떨어질 수 있습니다. 이때에 더욱 말씀 중심으로 믿음에 굳게 서야 합니다.

나눔의 시간

1. 오늘 말씀을 통하여 느낀 점을 말해봅시다.
2. 거짓 선지자들의 미혹을 받아본 적이 있었는지, 그때 어떻게 하였는지를 나눠봅시다.

적용하기

오늘 말씀을 생활에 어떻게 적용할지 말해봅시다.

결단 및 합심기도

1. 거짓 선지자들을 분별하여 미혹에 넘어가지 않도록 기도합니다.
2. 우리 구역 부흥과 전도 대상자를 위하여 기도합시다.

감사 및 알림

헌금 및 기도, 교회 소식, 구역 소식, 다음 모임, 주기도

제30과 이단과 이교

- 본문 / 디도서 3:10-11
- 인사 / 반갑습니다. 사랑합니다. 주님의 이름으로 축복합니다.
- 찬송 / 257, 292장
- 신앙고백 (기도)

말씀읽기

10 이단에 속한 사람을 한두 번 훈계한 후에 멀리하라 11 이러한 사람은 네가 아는 바와 같이 부패하여 스스로 정죄한 자로서 죄를 짓느니라

생각하기 / 한국의 사이비 신흥종교

현대종교 탁지원 소장에 의하면 한국에 정통종교인 기독교, 불교, 유교 외에 사이비 신흥종교가 388개인데, 이 중에 96개가 기독교 계통이라고 합니다. 불교 계통의 사이비 집단이 46개, 단군을 숭배하는 집단이 31개, 그 다음 대순 진리 등 증산계의 집단이 58개, 일본계 사이비 집단인 남묘 호랑계교라든지 일연 종교라든지 그런 쪽이 17개, 그다음 동학교에서 분파되어져 나온 사이비 집단이 16개, 그 외 물법계니 삼법수도니 하는 수많은 종파들이 수십 개나 된다고 합니다. 안타까운 것은 이단에 빠지는 자가 1년에 10만 명이나 되는데 그중에 정통 교회에서 매년 7만~8만 명이 안상홍의 하나님의 교회에 넘어가고, 1만여 명이 이만희의 신천지로 넘어가고 있다고 합니다. 이런 신흥종교는 사이비 가짜 종교입니다. 이 사이비 종교는 종교의 탈을 쓴 가짜 사교 집단입니다.

말씀 속으로

1. 이단이란 무엇인가?

이단이란 기독교의 간판으로 나온 사이비 기독교, 거짓 기독교를 말합니다. 이단이라는 말의 뜻은 분리, 당파의 뜻입니다.

한문으로는 끝이 다른 것을 이단이라 합니다. 간판은 교회 간판이요 성경도 같은 성경인데 점점 들어가 보니 다릅니다. 이단들도 성경을 들고 다니며 예수를 말하고 구원을 이야기합니다. 겉으로는 기독교를 표방하나 안을 들여다 보면 자신들이 만든 교리를 가르치며 신자들을 미혹하는 가짜 기독교요 거짓 선지자며 양의 탈을 쓴 이리입니다. 오늘 우리 주위뿐만 아니라 전 세계적으로 예수의 이름으로 기독교의 간판을 가지고 나온 이단들이 수없이 많습니다. 하나님이나 예수님의 이름을 말한다고 해서 다 참된 기독교는 아닙니다. 이단에 한번 빠지게 되면 자신도 망하고 가정까지도 망치게 됩니다.

그러므로 이단을 바로 알고 바로 분별하여 이단이나 거짓 종교에 빠지는 일이 없도록 하여야 합니다.

성경읽기 / 디도서 3:10을 읽고 이단에 대하여 어떻게 하라고 하였는지 말해봅시다.

2. 이단의 특성

이단인가 아닌가를 분별하기 위해서는 이단의 특성을 알아야 합니다. 이단들의 특성을 살펴보면 다음과 같습니다.

① 예수님의 신성이나 인성, 속죄의 죽음, 부활, 재림, 구원 등을 부인합니다.

② 천국이나 지옥을 부인합니다.

③ 성경을 가감하거나 성경 외에 다른 경전을 주장합니다.

④ 예수님이 이미 재림하였다고 주장합니다.

⑤ 자기 집단이나 교회에 와야 구원받는다고 합니다.

⑥ 기성교회는 바벨론이며 모두 잘못되었다고 비난합니다.

⑦ 자신을 엘리야나 이긴 자, 보혜사, 영생 주는 자, 감람나무, 동방의 빛 등으로 말합니다.

성경에서 벗어나는 말을 하면 이단임을 명심하여야 합니다.

성경읽기 / 고린도후서 11:4을 읽고 고린도 교인들이 누구를 용납하였다고 책망받고 있는지 말해봅시다.

3. 이교는 무엇인가?

이교란 기독교와 전혀 다른 종교를 이교라고 합니다. 외국에서 발생한 대표적인 이교로는 석가모니가 교주인 불교와 마호멧이 교주인 이슬람교, 공자가 교주인 유교, 인도의 힌두교, 노자가 창시한 도교, 조르아스터가 창시한 조르아스터교, 마하비라가 창시한 자이나교, 나아낙이 창시한 시크교 등이 있으며 일본의 신도, 자연물 숭배 등이 있습니다.

한국에서 발생한 이교로는 1860년 최재우에 의해 창시된 천도교, 1909년 나철에 의해 창시된 단군교(대종교), 1902년 강일순에 의해 창시된 증산교, 1916년 박중빈이 창시한 원불교, 1969년 박한경이 창시한 대순진리회 등이 있습니다. 이 종교들은 모두 이교들로 인간에 의해 만들어진 종교들이며 어디에도 구원의 길이 없습니다.

이단이나 이교에는 구원이 없습니다. 오직 예수님만이 구원자입니다.

성경일기 / 사도행전 4:12을 읽고 왜 예수님 외에 구원자가 없는지 말해봅시다.

나가는 말

하나님이 인간을 창조하실 때 하나님을 섬기며 살도록 인간의 마음속에 종교심을 주셨습니다. 인간은 하나님을 섬기지 아니하면 다른 무엇인가를 섬기게 되어 있습니다. 그러므로 이 세상에는 많은 종교들이 생겼습니다. 각 나라마다 섬기는 신들이 있고 종교들이 있습니다. 그러나 모든 종교는 인간이 만들어낸 종교입니다 거기에는 구원이 없습니다. 이단은 기독교를 사칭한 사이비 기독교이며, 이교는 기독교와 관계없이 만들어진 우상종교입니다. 모든 종교의 배후에는 신이 있습니다. 그것이 사탄 마귀입니다. 진리가 되는 예수님을 믿고 하나님을 섬기는 기독교만이 참된 종교요 구원의 종교입니다.

나눔의 시간

1. 오늘 말씀을 통하여 느낀 점을 말해봅시다.
2. 예수님을 믿기 전에 어떤 종교를 가졌었는지 나눠봅시다.

적용하기

오늘 말씀을 생활에 어떻게 적용할지 말해봅시다.

결단 및 합심기도

1. 우상종교 거짓 사이비에 빠진 자들을 불쌍히 여기는 마음을 가지고 예수님만이 구원자임을 전할 것을 다짐하며 기도합시다.
2. 우리 구역 부흥과 전도 대상자를 위하여 기도합시다.

감사 및 알림

헌금 및 기도, 교회 소식, 구역 소식, 다음 모임, 주기도

제31과 한국의 이단들

- 본문 / 요한이서 1:7, 9-11
- 인사 / 반갑습니다. 사랑합니다. 주님의 이름으로 축복합니다.
- 찬송 / 254, 270장
- 신앙고백 (기도)

말씀읽기

7 미혹하는 자가 세상에 많이 나왔나니 이는 예수 그리스도께서 육체로 오심을 부인하는 자라 이런 자가 미혹하는 자요 적그리스도니 8 너희는 스스로 삼가 우리가 일한 것을 잃지 말고 오직 온전한 상을 받으라 9 지나쳐 그리스도의 교훈 안에 거하지 아니하는 자는 다 하나님을 모시지 못하되 교훈 안에 거하는 그 사람은 아버지와 아들을 모시느니라 10 누구든지 이 교훈을 가지지 않고 너희에게 나아가거든 그를 집에 들이지도 말고 인사도 하지 말라 11 그에게 인사하는 자는 그 악한 일에 참여하는 자임이라

생각하기 / 신천지의 미혹 방법

교회와 가정을 파괴시키는 신천지의 미혹방법을 보면 다음과 같다.

- "어제 내 꿈에서 당신이 너무 힘들어하는 모습을 보았는데 어려운 일 있어? 주님이 도와주라고 했어." 하며 꿈이나 환상 이야기를 한다.
- "나도 힘들고 외로운데 나하고 친구가 되어줘." 하며 동정심을 이용하여 집으로 초대하거나 집에 찾아오려고 한다.
- "세상의 종말이 어떻게 될 것 같아? 요한계시록을 정확히 알아야 해. 나하고 일주일에 한 번씩 성경공부하는데 가볼까?" 하며 접근한다.
- "성경은 비유로 돼 있는데 열 처녀 비유를 어떻게 생각해? 기름준비 됐어?" 하며 비유 풀이를 강조한다.

- "아담 이전에도 사람이 있었다는 것 알어? 성경을 정확히 알아야 해."
- "요즘 교회들이 썩었어. 우리 교회도 문제가 많아." 하며 불만 불평을 품게 한다.
- "목사의 말이라고 다 믿으면 안돼." 하며 목사에 대해 불신케 한다.

(참고: 현대종교, 기독신문 기독교 연합신문.)

말씀 속으로

1. 이만희의 신천지 장막교회

한국교회가 이단 침투로 비상이 걸렸습니다. 신천지(이만희) 집단이 추수꾼들을 기성교회에 침투시켜 성도들을 도적질하여 빼내가고 있습니다. 교주 이만희는 1931년 9월 15일 경북 청도에서 출생하였고, 장막성전 유재열과 함께 이단인 전도관 출신입니다. 이만희는 장막성전에서 이탈하여 신천지교를 세우고 기성교회를 추수밭이라 하고 추수꾼들을 훈련시켜 기성교회로 침투시키고 있습니다. 이만희는 자신이 이긴 자요, 보혜사요, 참 목자라고 하고 기성교회를 바벨론이라고 합니다. 그는 자신이 직접 계시를 받고 보는 자로서, 성경 저자와 동등한 자며 자신의 말과 저서는 성경과 같고 신천지에 들어와야 구원받는다고 미혹하고 있습니다. 예수님은 이같은 자들이 나타날 것을 아시고 미혹을 받지 않도록 주의하라고 하셨습니다.(마 24:4-5)

성경읽기 / 마태복음 24:4-5을 읽고 왜 미혹을 받지 않도록 주의하라고 하였는지 말해봅시다.

2. 안상홍의 하나님의 교회

안상홍은 1918년 1월 13일 전북 장수군 계남면 명덕리에서 출생하여 어린 시절 부산에 내려가서 살다가 1937년 일본으로 건너가서 1946년 안식교에 들어갔고 1948년 12월 16일(30세) 이명덕 목사에게 침례를 받았습니다. 1962년

3월 17일 안식교의 싸움에 가담했다가 출교당하여 동년 3월 24일 23명의 안식교인과 함께 안식교를 탈퇴하고 1964년 부산에서 하나님의 교회 예수증인회를 창설하므로 교주가 됩니다. 그는 1985년 2월 25일 음식을 먹다가 급체해 병원으로 옮겼으나 사망하였는데 신도들이 1985년 3월 22일 본부를 부산에서 서울로 이전하고 6월 2일 이름을 하나님의 교회 안상홍 증인회로 변경하여 죽은 안상홍을 하나님으로 섬기며 그의 부인 장길자를 하나님의 신부 어머니로 칭하며 사람을 미혹하는 이단입니다. 그들은 구약의 절기를 지키며 토요일을 안식일로 지키고 성탄일도 1월 6일로 지키고 88올림픽 때 안상홍이 재림한다고 미혹했으나 불발로 끝났습니다.

성경읽기 / 고린도후서 11:15에서 사탄의 일꾼이 누구로 가장한다고 했나요?

3. 구원파 박옥수의 기쁜 소식 선교회

구원파는 1961년 권신찬과 세월호 사건의 주범인 유병언에 의해 시작됩니다. 그 후 1983년 박옥수와 이요한이 각각 분립하여 박옥수는 기쁜소식 선교회를 창립하고 이요한은 생명의 말씀선교회를 창립하여 포교하고 있는데 박옥수는 중학교 3학년 중퇴생으로서 체계적으로 신학을 공부한 적이 없으며, 딕 욕이라는 자와 권신찬의 영향을 받았고 1962년 10월 7일 거듭난 체험을 했다고 주장하면서 '죄 사함과 거듭남의 비밀'을 주제로 전국 순회 집회를 하고 있습니다. 그는 죄는 일일이 고백하여 용서를 구할 필요가 없는데 이는 회개로 죄가 사해지는 것이 아니라 예수의 보혈로 사해졌다는 사실을 깨달은 그 순간 죄가 해결되어 구원받기 때문이라고 합니다. 그는 회개하는 자는 구원받지 못한 자라고 하며 십일조는 율법적이므로 기성교회는 율법적인 구원관을 가지고 있고 그것을 벗어나는 것이 구원이라고 합니다. (기쁜 소식, 1989, 2월 pp.7~9)

성경읽기 / 요한일서 1:9을 읽고 어떻게 죄가 깨끗게 되는지 말해봅시다

나가는 말

이만희는 과천이 동방 에덴이며 청계산이 시내산이고 자신이 이긴 자요 영생을 주는 자라고 하는데 이런 소리를 분별 못하고 미혹되어 넘어간 자들은 분별력이 없는 어리석은 자들입니다. 신천지에 생명록이 있고 중간록이 있고 사망록이 있다고 하며 성경에 열두 지파가 있듯이, 신천지에 열두 지파가 있어 각 지파에 속한 자가 구원받는다고 하며, 신천지에 들어온 144,000명이 구원받는데 144,000명에 들어오려면 출석, 헌금, 전도 등 실적이 있어야 한다고 가르칩니다. 이런 이단에 빠지지 않도록 말씀으로 무장하고 이단을 분별해야 합니다.

나눔의 시간

1. 오늘 말씀을 통하여 느낀 점을 말해봅시다.
2. 내 자녀가 신천지나 안상홍 이단에 빠졌다면 어떻게 할 것인지 나눠봅시다.

적용하기

오늘 말씀을 생활에 어떻게 적용할지 말해봅시다.

결단 및 합심기도

1. 자녀들이나 구역 식구들이 이단에 빠지지 않도록 기도합시다.
2. 우리 구역 부흥과 전도 대상자를 위하여 기도합시다.

감사 및 알림

헌금 및 기도, 교회 소식, 구역 소식, 다음 모임, 주기도

제32과 외국에서 들어온 이단들

- 본문 / 요한일서 4:1-3
- 인사 / 반갑습니다. 사랑합니다. 주님의 이름으로 축복합니다.
- 찬송 / 268, 90장
- 신앙고백 (기도)

말씀읽기

1 사랑하는 자들아 영을 다 믿지 말고 오직 영들이 하나님께 속하였나 분별하라 많은 거짓 선지자가 세상에 나왔음이라 2 이로써 너희가 하나님의 영을 알지니 곧 예수 그리스도께서 육체로 오신 것을 시인하는 영마다 하나님께 속한 것이요 3 예수를 시인하지 아니하는 영마다 하나님께 속한 것이 아니니 이것이 곧 적그리스도의 영이니라 오리라 한 말을 너희가 들었거니와 지금 벌써 세상에 있느니라

생각하기 / 안식교의 창시자 윌리암 밀러

윌리암 밀러는 1782년 2월 15일 미국 매사추세츠주 피츠필드의 농부 가정에서 출생하여 부모와 함께 침례교신자로 신앙생활하며 다니엘서와 요한계시록을 연구하며 종말과 재림에 몰두하다가 1843년 8월 21일에 예수님이 재림한다고 예언하므로 10만여 명의 사람들이 그를 추종하여 주님 재림을 믿고 따랐습니다. 그러나 재림이 불발로 끝나자 그는 2차로 1844년 10월 22일에 주님이 재림한다고 예언을 하였지만, 또다시 불발로 끝났습니다. 그러자 그를 추종한 핵심멤버들이 1845년 재림파 대회를 열고 1844년 10월에 하나님이 하늘의 성소를 깨끗게 하셨다고 변명하며 성도들을 미혹하였고 밀러는 자신의 부인을 후계자로 세워 밀러의 사상을 이어가게 하고 화이트 부인이 제7일 안식일 예수재림교를 창설하였습니다.

말씀 속으로

1. 안식교의 중심사상

안식교의 공식 명칭은 제7일 예수재림교회입니다. 안식교의 교리를 보면 안식교가 이단임을 알 수 있습니다. 토요일을 안식일이라고 주장하는 안식교는 일요일에 예배하는 것은 하나님의 계명이 아닌 인간의 계명을 따르는 것으로 하나님이 받는 예배가 될 수 없다고 주장하며 토요일 안식일의 준수가 그들에게 구원의 조건이 되는 것이라고 합니다. 그런데 요즘은 안식교에서도 토요일에 예배를 드리니까 전도가 되지를 않아서 주일에 예배를 드린다고 합니다.

안식교는 화이트 부인을 선지자라 하며 그의 말에 성경과 같은 권위를 둡니다. 안식교에서는 지옥을 부인하며 구약의 법을 그대로 지켜야 한다고 가르치며 할례도 지켜야 하고 유월절도 지켜야 하고 음식도 구약의 율법대로 지켜야 한다고 합니다. 안식교는 시한부 종말론을 중심으로 신도들을 미혹하여 탄생된 이단종파입니다.

성경읽기 / 에베소서 2:8을 읽고 안식교의 구원관과 어떻게 다른지 말해봅시다.

2. 여호와증인 / 왕국회관

여호와증인은 1874년 러셀에 의해 설립되었으며 그는 1979년 「아침의 여명」이라는 잡지를 냈는데 그 후 파수대로 변경하여 보급하며 1874년 예수님이 눈에 보이지 않게 재림했다고 주장하고 1914년에 아마겟돈 전쟁이 일어나 세상 정권이 멸망하고 천년왕국이 시작된다고 하였으나 이 예언이 이루어지지 않자 충격을 받고 1916년 64세에 열차에 치여 사망하였습니다.

여호와증인은 삼위일체를 부인하며 예수님의 신성을 부인하고 육체의 부활을 부인하며 천국과 지옥을 부인하고 병역의무와 집총을 거부하고 수혈을 거부하며 결혼을 거부하는 이단입니다. 한국에는 1912년 홀리스터 선교사 부부에 의해 전파되었고, 1915년 멕킨지 부부의 활동으로 본격화되며 미국 워츠타워 협회에서 한국에 인쇄공장을 세워 본격적인 문서 선교를 하여 교세를 확장시켰습니다.

성경읽기 / 요한일서 4:3을 읽고 예수를 시인하지 아니하는 자는 어떤 자라고 하였는지 말해봅시다.

3. 몰몬교

말일성도 예수 그리스도 교회란 명칭을 가진 몰몬교는 1830년경 조셉 스미스 2세에 의해 창설됩니다. 1805년 12월에 미국 버몬트주에서 태어난 스미스는 14세 때 숲 속에서 기도하던 중에 하나님과 예수님을 보았다고 하며, 1823년에 두 번째로 이상을 보았는데 이때 모로나이라고 부르는 천사가 나타나 황금판 계시책을 알려주었는데 1827년 그 황금판을 찾아서 번역한 것이 몰몬경이라고 합니다. 이후 그는 몰몬교를 세우고 선교를 하다가 1844년 6월에 살해됩니다. 한국에는 1956년 몰몬교 선교사가 들어와 포교활동을 시작하였고, 그 후 명칭을 후기 예수 그리스도 교회로 변경하여 활동 중입니다.

몰몬교는 몰몬경을 성경보다 더 위에 두고 예수의 유일성을 부인하며 삼위일체를 부인하고 예수의 구속을 부인하는 이단입니다. 또한 하나님은 육체를 가지고 있으며 예수는 많은 신 중의 하나요 독생자가 아니며 죄와 사망을 멸하지 못했고 구원은 몰몬의 계명을 지켜야 하며 조셉 스미스를 믿지 않으면 구원이 없다고 하는 이단입니다.

성경읽기 / 요한계시록 22:18에서 어떤 자에게 재앙이 임한다고 하였나요?

나가는 말

우리가 바른 신앙을 갖는다는 것이 참 중요합니다. 또 바른 신앙을 갖기 위해서 바른 교회를 선택해야 하고, 바른 목회자를 만나야 합니다. 요즘 이단에 미혹되어 가정도 버리고 자녀도 버리고 부모도 버린 자들이 많이 있습니다. 어떤 가정은 아내가 아이도 내버려두고 남편도 내버려두고 기도원에 가서 살고 있다고 호소하는 남편들도 있고, 또 자녀가 이단에 빠져 집에도 안 들어온다고 하는 부모들도 있습니다.

우리는 자신이 이단에 빠지지 않도록 조심해야 하지만 우리 가족이 이단에 빠지지 않도록 지키는 것도 중요합니다. 가족 중에 하나라도 이단에 빠지면 가정이 파괴됩니다.

나눔의 시간

1. 오늘 말씀을 통하여 느낀 점을 말해봅시다.
2. 이단들이 집에 찾아왔거나 길거리에서 이단에게 전도를 받게 된다면 어떻게 대처할 것인지 나눠봅시다.

적용하기

오늘 말씀을 생활에 어떻게 적용할지 말해봅시다.

결단 및 합심기도

1. 말씀을 배워 진리로 무장할 것을 다짐하며 기도합시다.
2. 우리 구역 부흥과 전도 대상자를 위하여 기도합시다.

감사 및 알림

헌금 및 기도, 교회 소식, 구역 소식, 다음 모임, 주기도

제33과 구원의 확신을 가져라

- 본문 / 사도행전 16:30-31
- 인사 / 반갑습니다. 사랑합니다. 주님의 이름으로 축복합니다.
- 찬송 / 288, 438장
- 신앙고백 (기도)

말씀읽기

30 그들을 데리고 나가 이르되 선생들이여 내가 어떻게 하여야 구원을 받으리이까 하거늘 31
이르되 주 예수를 믿으라 그리하면 너와 네 집이 구원을 받으리라 하고

생각하기 / 예수 믿고 구원 받으세요

어느 교회 성도가 역전에서 전도지를 나눠주면서 "예수 믿고 구원 받으세요." 라고 전도하니까 한 불량배 같은 사람이 전도지를 받으며 "왜 하필이면 구원이냐? 줄려면 10원을 주든지 100원을 주든지 하지." 하면서 시비를 걸었습니다. 그러자 전도자가 "예수 믿고 천국 가시라는 겁니다. 예수 안 믿으면 지옥 갑니다." 라고 하니 화를 버럭 내며 "천국이 어디 있고 지옥이 어디 있느냐! 사기치지 말라." 고 하면서 발로 전도자를 찼답니다. 전도자가 주저앉아서 "주님, 저 사람 예수 믿고 구원받게 해달라." 고 그를 위해 기도하고 집으로 돌아갔습니다. 일주일이 지난 후 낯선 사람에게 전화가 걸려와 "여보세요, 누구세요?" 하니 일주일 전에 내가 역 앞에서 당신 발로 찬 사람인데 나 좀 만나자고 하더랍니다. 왜 그러냐고 물으니 그날 이후로 잠을 못자고 있다며 잠을 자려고 하면 지옥이 보이니 어떻게 하면 되느냐고 묻기에 예수 믿으면 된다고 하니 예수 믿겠다고 해서 예수 믿고 구원을 받았답니다.

말씀 속으로

1. 구원이란 건져 내는 것이다

2010년 10월에 칠레에서 탄광이 붕괴되어 깊은 땅속에 33명의 광부가 갇히게 되었습니다. 구조대원들은 그들을 구해내기 위해 땅속을 파들어 갔습니다. 땅속에 매몰되어 있던 광부들이 69일 만에 구조 캡슐에 타고 전원 구조된 기적적인 사건이 발생했습니다. 칠레 국민뿐만 아니라 전 세계 국민이 감격하며 환호했습니다.

구원이란 "건져내다, 구해내다, 살려내다"라는 뜻입니다. 물에 빠져 허덕이며 죽어가는 사람을 구해내는 것은 물에서 구원받은 것이요 화재가 발생하여 불 속에 갇힌 자를 들어가서 구해내는 것은 불에서 구원받은 것이며 죽을 병에 걸린 사람이 병에서 고침 받는 것은 병에서 구원받은 것입니다. 2014년 4월 16일 세월호 사건이 발생하였습니다. 안산의 단원고 학생 250여 명이 세월호 안에 갇혀 목숨을 잃었습니다. 그러나 배 안에서 빠져나와 구명보트를 탄 사람들과 헬리콥터에서 밧줄로 내린 구조선에 탄 사람들은 살아났습니다.

성경읽기 / 마태복음 1:21을 읽고 예수의 뜻이 무엇인지 말해봅시다.

2. 예수님은 구원자시다

하나님은 죄에 빠진 인간을 구원하기 위하여 구원자를 보냈습니다. 예수님은 우리 인류를 구해내기 위해서 하늘에서 이 땅에 오신 구원자입니다. 인간은 죄의 바다에 빠졌습니다. 인류의 시조 아담이 범죄하여 그의 후손인 모든 사람이 죄인이 되었습니다. 하나님께서는 죄를 지으면 죽고 지옥의 멸망을 받게 되는 법을 정했습니다. 모든 사람이 죄를 지어 지옥에 가게 되었는데 예수님이 우리를 죄에서 구해내고 지옥 갈 자를 구해내기 위해서 이 땅에 오신 것입니다. 이 땅에 종교는 많고 종교의 교주는 많지만 다른 구원자는 없습니다. 하나님께서 다른 구원자를 보내신 일이 없다고 하셨습니다.(행 4:12) 그러므로 석가나 공자나 마호메트도 구원자가 아닙니다. 또한, 하나님의 교회 안상홍이나 신천지의 이만희나 그 어떤 자도 구원자가 아닙니다. 오직 예수님만이 하나님께서 죄에 빠진 인간을 구해내라고 보내신 구원자입니다. 그러므로 예수님을 믿으면 구원을 받게 됩니다.

성경읽기 / 사도행전 4:12을 읽고 왜 예수님만이 구원자인가를 말해봅시다.

3. 믿는 자는 구원의 확신을 가져야 한다

확신을 갖는다는 것은 매우 중요합니다. 이 확신은 자신의 감정이나 경험에 의해서 가지면 안 됩니다. 확신은 하나님의 말씀에 근거를 두어야 합니다. 하나님의 말씀을 그대로 믿고 받아들여야 합니다. 성경은 하나님의 말씀으로 성경에 예수님이 하나님의 아들이요, 하나님이 보낸 구원자라고 말씀하셨기 때문에 예수님이 구원자임을 믿고 예수님을 믿으면 믿는 우리는 구원받았다는 확신을 가지는 것입니다. 만일에 성경이 거짓이라면 성경을 다 모아다가 불태워야 합니다. 그러나 성경은 역사 이래 가장 많은 사람이 읽고 있는 최장수 베스트셀러입니다. 성경을 읽고 믿는 사람들이 세계를 지배하는 주인공들이 되었습니다. 미국인들이 가장 존경하는 대통령인 링컨은 하나님이 인류에게 주신 최고의 선물을 성경이라고 하였고, 영국의 엘리자베스 여왕은 영국을 주고도 성경과는 바꿀 수 없다고 하였습니다. 성경은 영원히 변하지 않는 진리입니다.

성경읽기 / 사도행전 16:31을 읽고 예수를 믿으면 누가 구원받는다고 하였는지 말해봅시다.

나가는 말

불교는 깨달음의 종교요, 유교는 도덕 윤리종교요, 기독교는 구원의 종교입니다. 석가님도 훌륭하고 공자님도 훌륭하고 맹자님도 훌륭하지만, 그분들은 구원자가 아닙니다. 오직 예수님만이 구원자입니다. 예수님이 구원자이기에 예수님 믿으면 구원받아 천국 가게 됩니다. 예수님을 믿는 자들은 구원의 확신을 가져야 합니다. 확신이 없을 때 흔들리게 되고 이단에 넘어가게 됩니다. 어떤 환난 풍파가 몰아닥쳐도 나는 구원받았다는 확신을 가지면 이겨나갈 수 있습니다.

나눔의 시간

1. 오늘 말씀을 통하여 느낀 점을 말해봅시다.
2. 나는 어느 정도 구원의 확신을 가지고 있는지 서로 말해봅시다.

적용하기

오늘 말씀을 생활에 어떻게 적용할지 말해봅시다.

결단 및 합심기도

1. 구원받은 확신을 가지고 흔들림 없이 감사하며 살 것을 기도합시다.
2. 우리 구역 부흥과 전도 대상자를 위하여 기도합시다.

감사 및 알림

헌금 및 기도, 교회 소식, 구역 소식, 다음 모임, 주기도

제34과 죄 사함의 확신을 가져라

- 본문 / 로마서 8:1-2
- 인사 / 반갑습니다. 사랑합니다. 주님의 이름으로 축복합니다.
- 찬송 / 252, 268장
- 신앙고백 (기도)

말씀읽기

1 그러므로 이제 그리스도 예수 안에 있는 자에게는 결코 정죄함이 없나니 2 이는 그리스도 예수 안에 있는 생명의 성령의 법이 죄와 사망의 법에서 너를 해방하였음이라

생각하기 / 엄마 닭의 죽음

미국의 한 농장에 부부가 살고 있었습니다. 부인은 예수님을 잘 믿는데 남편은 예수님을 안 믿었습니다. 예수님이 우리 대신 십자가에 서 죽으셨다는 것이 이해할 수가 없다는 것입니다. 어느 날 족제비가 닭장에 들어가서 암탉의 목을 물어뜯어서 닭이 피를 흘리고 죽었습니다. 먼저 본 부인이 남편을 불렀습니다. "이놈의 족제비가 닭을 물어뜯어 죽였구먼." 하며 주인이 암탉을 툭 치니 죽은 채 옆으로 쓰러지는데 그 암탉의 품에서 병아리들이 삐악삐악 하면서 쏟아져 나왔습니다. 암탉은 혼자 달아날 수도 있었지만, 병아리들을 살리려고 품에 안은 채 족제비에게 물려 피를 다 흘리고 죽은 것입니다. 이를 보고 남편이 예수님이 우리 대신 십자가에서 죽으셨다는 말씀이 이해가 되어 예수님을 믿게 되었답니다. 예수님이 십자가에 달리실 때 천군, 천사를 보내어 대적들을 다 진멸시킬 수 있었지만, 죄인들을 구원하기 위하여 고통을 참고 피를 다 쏟고 대신 죽으신 것입니다.

말씀 속으로

1. 사람은 모두 죄인이다

사람들 중에는 인간이 죄인이란 말을 듣기 싫어하고 거부하는 사람도 있습니다. 내가 무슨 죄를 지었느냐고 반문하는 사람도 있습니다. 그러나 성경은 인간이 모두 죄인이라고 규정하고 있습니다. 사도 바울은 말하기를 "한 사람으로 말미암아 죄가 세상에 들어오고 죄로 말미암아 사망이 들어왔나니 이와 같이 모든 사람이 죄를 지었으므로 사망이 모든 사람에게 이르렀느니라."(롬 5:12)라고 하였습니다. 한 사람은 인류의 시조 아담을 말합니다. 인류의 시조 아담이 하나님의 말씀을 불순종하므로 죄를 지었습니다. 아담은 인류의 대표이므로 그의 죄는 개인의 죄로 끝나는 것이 아니고 온 인류의 죄가 된 것입니다. 올림픽에 나가는 선수들은 개인 자격으로 나가는 것이 아니고 국가를 대표하여 나갑니다. 그러므로 대표선수가 이기면 그 나라가 이기는 것이고 대표선수가 지면 그 나라가 지는 것입니다. 우리나라의 고종황제가 한일합방에 서약하므로 우리나라는 일본의 식민지가 되었습니다. 대표의 결정은 전체에게 영향이 미칩니다. 아담의 죄가 온 인류에게 영향을 미친 것입니다.

성경읽기 / 로마서 3:23을 읽고 왜 하나님의 영광에 이르지 못하였다고 했는지 말해봅시다.

2. 예수님이 우리 죗값을 치르셨다

인간은 모두 죄인으로 태어나 죄 가운데 살다가 죽어 모두 지옥 가게 되었습니다. 하나님께서 우리 인간을 살리려고 예수님을 보내셨습니다. 예수님이 인간의 죗값을 대신 지고 죽으라고 보내신 것입니다. 예수님은 이 땅에 오셔서 십자가에 달려 피를 흘리시고 죽으셨습니다. 십자가는 당시 국가의 반역자나 가장 흉악한 죄인을 처형하는 죄인의 사형틀입니다. 죄가 없으신 예수님께서 최고의 형을 받으시고 죽으신 것은 인류의 죄를 대신하였기 때문입니다. 베드로 사도는 이렇게 말합니다. "친히 나무에 달려 그 몸으로 우리 죄를 담당하셨으니…." (벧전 2:24상) 하나님께서는 우리 죄인들을 살리기 위하여 죗값을 아들 예수님에게 지우셨습니다.(사 53:6) 예수님은 우리의 죗값을 담당하시고 죽으신 것입니다.

성경읽기 / 로마서 5:19을 읽고 어떻게 많은 사람이 의인이 되었으며 앞의 한 사람과 뒤의 한 사람이 누구인지 말해봅시다.

3. 예수님을 믿으면 죄 사함을 받는다

유치원 다니는 철이가 엄마 따라 친구 집에 갔습니다. 친구 집에 가보니 자기 집에 없는 새로운 것들이 많았습니다. 철이는 응접실에 진열해 놓은 고려청자를 만져보다가 그만 도자기가 바닥에 떨어져 깨졌습니다. 깨진 소리를 듣고 방에 있던 엄마와 친구 엄마가 나왔습니다. 얼굴색이 변했습니다. "이것을 어찌하면 좋담! 이게 우리집 가보인데… 5천만 원도 더 나가는 것인데!" 하며 발을 동동 구릅니다. 철이의 엄마가 말합니다. "돈으로 배상해 드릴게요. 죄송합니다." 하고 아빠에게 연락해서 5천만 원을 배상했습니다. 철이가 잘못을 했지만 엄마가 대신 배상해줌으로 아이는 책임이 없어졌습니다.

예수님은 우리 죗값을 대신 지고 죽으셨습니다. 그러므로 이것을 믿기만 하면 내 죗값은 다 사라집니다. 예수님이 나의 죄를 대신하여 죽으심을 믿는 사람은 죄 사함을 받은 것입니다.

성경읽기 / 로마서 5:8에서 그리스도께서 언제 우리를 위하여 죽으셨다고 하였는지 말해봅시다

나가는 말

하나님은 우리를 사랑하셔서 우리의 죗값을 예수님께 지시도록 하셨습니다. 사도 요한은 "사랑은 여기 있으니 우리가 하나님을 사랑한 것이 아니요 하나님이 우리를 사랑하사 우리 죄를 속하시기 위하여 화목제물로 그 아들을 보내셨음이라."(요일 4:10)라고 하였습니다. 화목제물이란 죄로 말미암아 하나님과 원수 된 우리를 예수님이 대신 죽어 죄를 없애주므로 하나님과 다시 관계를 회복시켜 주시는 제물이란 뜻입니다. 우리는 죄 사함의 확신을 가져야 합니다.

나눔의 시간

1. 오늘 말씀을 통하여 느낀 점을 말해봅시다.
2. 우리가 잘못하여 지은 죄는 어떻게 사함 받는지 나눠봅시다.

적용하기

오늘 말씀을 생활에 어떻게 적용할지 말해봅시다.

결단 및 합심기도

1. 예수님이 나의 죗값을 대신 지고 죽으심을 믿고 죄를 멀리하고 지은 죄는 회개하며 기도합시다.
2. 우리 구역 부흥과 전도 대상자를 위하여 기도합시다.

감사 및 알림

헌금 및 기도, 교회 소식, 구역 소식, 다음 모임, 주기도

제35과 함께 하심의 확신을 가져라

- 본문 / 여호수아 1:9, 마태복음 28:20
- 인사 / 반갑습니다. 사랑합니다. 주님의 이름으로 축복합니다.
- 찬송 / 430, 325장
- 신앙고백 (기도)

말씀읽기

수 1:9 내가 네게 명령한 것이 아니냐 강하고 담대하라 두려워하지 말며 놀라지 말라 네가 어디로 가든지 네 하나님 여호와가 너와 함께 하느니라 하시니라

마 28:20(하) 볼지어다 내가 세상 끝날까지 너희와 항상 함께 있으리라 하시니라

생각하기 / 예수님과 함께 있고 싶어서

어느 교회 백씨 할머님이 계셨는데 그 할머님은 모이는 곳에는 빠지지 않고 다 참석을 합니다. 주일 낮 예배, 밤 예배, 수요기도, 구역예배, 새벽예배는 물론이고 전도회 예배도 다 참석을 합니다. 심지어 구역장모임, 교사모임, 성가대모임에도 참석합니다. 한 장로님이 "왜 이리 다 참석하느냐?" 라고 물으니 "전에 목사님이 모이는 곳에 예수님이 계신다 하기에 예수님과 함께 있고 싶어서 참석합니다. 그리고 모여서 찬송하고 기도하고 말씀 듣는 것이 좋아 다 참석합니다." 라고 하더랍니다. 그런데 놀라운 것은 그때부터 자손이 잘되기 시작했다는 것입니다. 자녀가 조그마한 슈퍼를 하는데 슈퍼가 잘되기 시작하고, 손주들이 시험 볼 때마다 성적이 올라가서 명문 법대에 들어가고 의대에 들어갔답니다. 또 자신에게 당뇨가 있었는데 당뇨가 사라지고 건강이 좋아졌답니다. 그래서 아들, 자부, 자손들 모두가 예수님을 믿게 되었다고 합니다.

말씀 속으로

1. 예수님은 믿는 자 안에 내주하신다

사도 요한은 우리가 마음의 문을 열고 예수님을 마음에 모셔드리면 예수님이 우리 안에 들어와 계신다고 하였습니다.(계 3:20) 그러므로 예수님을 구주로 믿고 주인으로 마음에 모셔드린 자 안에는 예수님이 영으로 내주해 계심을 믿어야 합니다. 바울 사도는 고린도 교회에 하신 말씀 중에 "너희가 하나님의 성전인 것과 하나님의 성령이 너희 안에 계시는 줄을 알지 못하느냐."(고전 3:16)라고 하였습니다. 육으로 이 땅에 오신 주님은 부활하시어 하늘로 올라가셨습니다. 그리고 그의 영이신 성령님을 이 땅에 보내주셨습니다. '성령님'을 '보혜사'라고 하셨습니다. 보혜사란 "돕는 자, 곁에 계신 자, 위로자"란 뜻이 있습니다. 예수님이 육으로 세상에 계신다면 모든 사람과 함께 있을 수 없으십니다. 그러므로 예수님은 하늘로 가셔서 모든 믿는 자와 함께 계실 보혜사 성령님을 보내주신 것입니다. 예수님을 영접하는 자 안에는 그의 영이신 성령님이 내주해 계십니다.

성경읽기 / 요한복음 14:16을 읽고 보혜사가 오시면 언제까지 함께 있게 하리라고 하였는지 말해봅시다.

2. 주의 이름으로 모이는 곳에 주님이 함께 하신다

교회는 부름 받은 자들의 모임입니다. 주님은 두세 사람이 주의 이름으로 모이는 곳에 주님도 함께 있느니라(마 18:20)고 하셨습니다. 주의 이름으로 모이는 모임은 매우 중요합니다. 주일에 교회에 모여 예배드리는 곳에 주님이 함께 계십니다. 주의 이름으로 모이는 구역 모임에도 주님이 그 자리에 함께 계십니다. 주의 이름으로 모이는 셀 모임이나 속회 모임에 주님이 함께 계십니다. 그러므로 그리스도인들은 세상 모임에는 빠질지라도 주의 이름으로 모이는 모임에 열심히 참여하여야 합니다. 백씨 할머니처럼 열심히 참여할 때 주님을 체험하게 됩니다. 그런데 어떤 분들은 세상모임에는 부지런히 참여하는데 주의 이름으로 모이는 구역모임(셀, 속회, 목장모임) 등에는 자주 빠집니다. 이런 사람은 아직도 예수님을 믿는다고는 하지만 육신에 속한 사람들입니다. 영의 지배를 받지 않고 육의 지배를 받는 자들입니다. 참된 그리스도인들은 말씀을 따라 사는 자들입니다.

성경읽기 / 갈라디아서 5:16을 읽고 왜 성령을 따라 행하여야 하는지 말해봅시다.

3. 세상 끝날까지 주님이 함께 계신다

예수님께서는 하늘로 가시기 전 제자들에게 사명을 맡기고 가셨습니다. 그리고 그 사명을 감당하며 따르는 자들과 세상 끝날까지 함께 있겠다고 하셨습니다.(마 28:20) 주님께서 맡기신 사명은 가서 복음을 전하고 주님이 분부하신 말씀을 가르쳐 지키게 하는 것입니다. 주님은 복음 전하는 자들과 함께 하십니다. 또한 주님은 말씀을 가르치고 지키는 자들과 함께 하십니다. 하나님께서는 모세가 세상을 떠난 뒤 그의 뒤를 이은 여호수아에게 "두려워 말라 강하고 담대 하라 네가 하나님의 율법(말씀)을 지켜 행하면 네가 어디로 가든지 내가 너와 함께 있으리라."(수 1:8-9)라고 하셨습니다. 하나님은 오늘도 하나님의 말씀을 지켜 행하는 자들과 함께 하십니다.

성경읽기 / 이사야서 43:5을 읽고 왜 두려워하지 말라고 하였는지 말해봅시다.

나가는 말

예수님은 오늘도 예수님을 구주로 영접한 자와 함께 계십니다. 또한 주님의 이름으로 모인 그곳에 함께 계십니다. 주님의 사명을 감당하는 복음 전하는 자들과 선교사들 그리고 가르치는 자들과 함께 하십니다. 주님은 세상 끝날까지 함께 있겠다고 하셨습니다. 그러므로 믿는 자들은 주님이 나와 함께 하신다는 확신을 가져야 합니다. 주님이 내 안에 계신다는 확신을 가지고 담대하게 복음을 전하며 믿음을 지켜나가야 합니다.

나눔의 시간

1. 오늘 말씀을 통하여 느낀 점을 말해봅시다.
2. 나는 지금까지 주님이 내 안에 계시고 나와 함께 하신다는 확신을 가지고 있었는지 나눠봅시다.

적용하기

오늘 말씀을 생활에 어떻게 적용할지 말해봅시다.

결단 및 합심기도

1. 주님이 나와 함께 하신다는 확신을 가지고 담대하게 복음 전하며 믿음 생활할 것을 기도합시다.
2. 우리 구역 부흥과 전도 대상자를 위하여 기도합시다.

감사 및 알림

헌금 및 기도, 교회 소식, 구역 소식, 다음 모임, 주기도

제36과 영생의 확신을 가져라

- 본문 / 요한복음 5:24, 10:28
- 인사 / 반갑습니다. 사랑합니다. 주님의 이름으로 축복합니다.
- 찬송 / 436, 563장
- 신앙고백 (기도)

말씀읽기

요 5:24 내가 진실로 진실로 너희에게 이르노니 내 말을 듣고 또 나 보내신 이를 믿는 자는 영생을 얻었고 심판에 이르지 아니하나니 사망에서 생명으로 옮겼느니라

요 10:28 내가 그들에게 영생을 주노니 영원히 멸망하지 아니할 것이요 또 그들을 내 손에서 빼앗을 자가 없느니라

생각하기 / 질병으로 죽은 영생교 교주

우리나라에 영생을 준다는 영생교 이단이 있습니다. 교주 조희성은 1931년 8월 31일 경기도 김포군 감정리 497번지에서 태어났습니다. 그는 육군 중위로 전역한 후 이단인 박태선의 전도관에 입교하여 열정으로 박태선을 따르며 개봉동과 도봉동 금마동 등에 전도관을 세우기도 하였습니다. 그는 기도원에서 기도하는 중 신의 음성을 들었는데, 네가 이긴 자가 되었다는 말을 듣고 그 뒤 전도관을 이탈하여 1980년 10월 15일에 영생교를 세우고 자신이 영생을 주는 자요 자기에게 와야 영생을 얻는다고 가르치기 시작하였습니다. 그는 2004년 신도 20여 명을 죽여 암매장을 조종한 혐의로 구속되어 재판 중에 질병으로 옥사했습니다. 영생을 주는 자가 병으로 죽었는데도 영생교는 없어지지 아니하고 지금도 사람들을 미혹하고 있습니다.

신천지의 이만희도 자기가 영생을 주는 자라고 하며 사람들을 미혹하나 그도 반드시 죽을 것입니다.

말씀 속으로

1. 영생은 하나님이 주신다

영생이란 영원히 사는 생명을 말합니다. 하나님은 영원부터 영원까지 계시는 영생하신 분이십니다. 하나님이 창조한 인간도 영원히 사는 생명으로 창조되었습니다. 그러나 인간의 죄로 말미암아 모두 죽음이 왔습니다. 하지만 영원히 사는 생명이 없어진 것은 아닙니다. 이제 영원히 사는 장소가 바뀌게 된 것입니다. 죄인은 지옥이란 형벌의 장소에서 영원히 살게 됩니다. 그리고 의인은 천국에서 영원히 살게 됩니다. 한번 이 땅에 태어난 인간은 육신은 죽어도 영혼은 죽지 않습니다. 문제는 천국에서 영원히 사느냐 지옥에서 영원히 사느냐의 문제입니다. 지옥에서 영원히 사는 것은 영생이라고 하지 않고 영원한 멸망이요 영벌이라고 합니다. 우리는 천국 가서 영원히 사는 생명을 받은 자들입니다. 이 영생은 하나님이 주신 것입니다.

성경읽기 / 마태복음 25:46을 읽고 누가 영생에 들어가리라고 하였는지 말해봅시다.

2. 예수님은 영생을 주기 위해 오셨다

하나님께서는 죄에 빠져 영원히 멸망 받을 인생들을 구원하여 영원히 사는 생명을 얻게 하시려고 예수님을 이 땅에 보내셨습니다. 요한은 인간이 영생 얻는 길을 알려주었는데 그 길은 예수님을 믿는 길입니다. "하나님이 세상을 이처럼 사랑하사 독생자를 주셨으니 이는 그를 믿는 자마다 멸망하지 않고 영생을 얻게 하려 하심이니라."(요 3:16) 예수님은 자신이 이 땅에 오신 목적이 "내가 온 것은 양으로 생명을 얻게 하고 더 풍성히 얻게 하려는 것이라."(요 10:10하)라고 하였습니다. 생명을 얻는다는 말은 영생을 얻는다는 말입니다. 요한은 "아들을 믿는 자는 영생이 있고 아들을 순종하지 아니하는 자는 영생을 보지 못하고 도리어 하나님의 진노가 도리어 그 위에 머물러 있느니라."(요 3:36)라

고 하였습니다. 하나님은 예수님을 믿는 자에게 영생을 주십니다.(요 6:40)

성경읽기 / 요한복음 6:40을 읽고 아버지의 뜻이 무엇인지 말해봅시다.

3. 믿는 자는 영생을 얻었다

예수님은 유대인들이 예수님을 믿지 아니함을 보고 내 양이 아니라고 하였습니다.(요 10:26-27) 이 세상에는 예수님의 양이 있고 사탄의 양이 있습니다. 예수님의 양은 예수님을 믿고 따릅니다. 그러나 사탄에게 속한 자는 예수님을 따르지 않고 오히려 대적합니다. 예수님은 예수님을 믿고 따르는 자들에게 영생을 주시겠다고 하셨습니다. "내가 그들에게 영생을 주노니 영원히 멸망하지 아니할 것이요 또 그들을 내 손에서 빼앗을 자가 없느니라."(요 10:28) 예수님을 믿는 자는 이미 영생을 얻은 것입니다. 사도 요한은 믿는 자는 이미 영생을 얻었다고 하였습니다.(요 5:24) 이는 천국 갈 생명을 이미 받아놓았다는 의미입니다. 그러므로 우리 믿는 자들은 영생의 확신을 가지고 천국을 소망하며 감사하며 살아야 합니다.

성경읽기 / 사도행전 13:48을 읽고 어떤 자가 다 믿었다고 하였는지 말해봅시다.

나가는 말

하나님은 우리가 영원히 살기를 원하십니다. 우리를 영원히 살도록 하기 위해서 예수님을 보내주셨습니다. 그리고 누구든지 예수님을 믿으면 멸망치 않고 영생을 얻으리라고 하셨습니다. 그런데 어리석은 인간들은 이 같은 하나님의 뜻을 모르고 예수님을 믿지 않고 따르지 않습니다. 우리는 이미 영생을 얻었다는 확신을 가지고 저들에게 예수님을 믿도록 전해야 합니다. 영생의 확신을 가질 때 죽음도 두려워하지 않고 이길 수 있습니다.

나눔의 시간

1. 오늘 말씀을 통하여 느낀 점을 말해봅시다.
2. 우리에게 영생이 있음을 어떻게 확신할 수 있는지 나눠봅시다.

적용하기

오늘 말씀을 생활에 어떻게 적용할지 말해봅시다.

결단 및 합심기도

1. 영생 주심을 감사하며 영원히 산다는 확신을 가지고 담대하게 복음 전하며 살 것을 기도합시다.
2. 우리 구역 부흥과 전도 대상자를 위하여 기도합시다.

감사 및 알림

헌금 및 기도, 교회 소식, 구역 소식, 다음 모임, 주기도

제37과 인권과 신권

- 본문 / 마태복음 12:11-12
- 인사 / 반갑습니다. 사랑합니다. 주님의 이름으로 축복합니다.
- 찬송 / 542, 585장
- 신앙고백 (기도)

말씀읽기

11 예수께서 이르시되 너희 중에 어떤 사람이 양 한 마리가 있어 안식일에 구덩이에 빠졌으면
끌어내지 않겠느냐 12 사람이 양보다 얼마나 더 귀하냐 그러므로 안식일에 선을 행하는 것이
옳으니라 하시고

생각하기 / 두 나라의 시민

그리스도인들에게는 두 나라가 있습니다. 두 나라의 시민권을 갖고 있습니다. 한 나라는 내가 현재 살고 있는 나라요 다른 한 나라는 내가 앞으로 가서 살 나라입니다. 내가 현재 살고 있는 나라의 삶은 짧은 기간입니다. 그리고 앞으로 가서 살 나라는 영원한 나라, 끝이 없는 영생의 나라입니다. 그리스도인은 두 나라에 속한 백성으로 이 땅에 사는 동안에는 땅의 법도 따라야 하고 또한 영원한 나라의 법도 지켜야 합니다. 그런데 문제는 두 나라의 법이 충돌하는 경우가 있습니다. 그럴 때 그리스도인은 영원한 나라의 법을 우선순위에 두어야 합니다. 이 세상의 삶은 잠깐이기 때문입니다. 우리가 대한민국에 사는 동안 우리는 나라법을 지키고 국민의 의무를 다해야만 합니다. 그러나 우리는 조만간 이 땅을 떠나서 '영구한 도성', '하나님 나라'로 들어가야 합니다. 그러므로 우리에게 더 중요한 것은 천국의 시민권입니다.

말씀 속으로

1. 성경은 인권을 중시한다

예수님은 한 생명을 소중히 여기셨습니다. 예수님이 안식일에 손 마른 병자를 고쳐주셨습니다. 사람들은 안식일에 병자를 고치는 것이 옳지 않다고 예수님을 고발하려고 하였습니다. 이때 예수님은 안식일에 양 한 마리가 구덩이에 빠졌으면 건져내지 않겠느냐며 사람이 양보다 얼마나 더 귀하냐고 반문하셨습니다. 예수님은 간음하다 잡혀서 죽을 위기에 놓인 한 여인의 인권을 소중히 여겨 그녀를 죽이려는 무리들 앞에서 죄 없는 자가 먼저 돌로 치라고 하시므로 그 여인을 구해주셨습니다.(눅 8:7-11) 예수님은 어린아이들의 인권도 소중히 여겼습니다. 여인들이 어린아이를 데리고 예수님께 나가려 할 때 제자들이 막으며 예수님이 바쁘신데 왜 어린아이까지 데려오느냐고 꾸짖었습니다. 이를 본 예수님은 오히려 제자들을 꾸짖으시며 어린아이들을 내게 오게 하라고 하시고 그 아이들을 안아주고 안수하여 주셨습니다.(마 19:13-15) 예수님은 어린아이 하나라도 실족시키지 말라고 하셨습니다.(마 18:6) 예수님은 힘없는 아이들, 병자들, 죄인들의 인권도 소중히 여겼습니다.

성경읽기 / 마가복음 5:13을 읽고 예수님이 한 생명을 얼마나 소중히 여겼는지 말해 봅시다.

2. 인권 위에 신권이 있다

요즘 우리 사회에서는 인권문제로 많은 논란을 빚고 있습니다. 인권운동가들이나 국가 인권위원회에서 인권을 내세워 하나님의 법을 무너뜨리려 하고 있습니다. 그 대표적인 예가 학생인권조례와 동성애 축제 허용 등으로 나타나고 있습니다. 동성애자들은 1995년을 "동성연애자 인권운동의 원년"이라고 선포하고 동성애의 합법화를 통과시키려고 합니다. 인권조례는 소수의 인권을 존중히 여겨야 한다는 것입니다. 전에 통합진보당의 모 의원이 새정연 의원 등 65명의 협조를 받아 차별금지법안을 발의해 국회에 올렸습니다. 차별을 금지한다는 법은 겉으로 보기에는 아주 좋은 법 같습니다. 사상에 대한 차별금지, 종교 차별금지, 전과범 차별금지, 성 차별금지, 동성애 차별금지, 성전환자 차별금지 등 무엇이나 차별해서는 안 된다는 것입니다. 차별 말라는 말은 좋은 것 같은데 여기에는 하나님의 법에 도전하는 무서운 독소가 들어있습니다.

성경읽기 / 신명기 10:14에서 왜 신권을 인권 위에 둬야 하는지 말해봅시다.

3. 신권 아래서 인권을 누려야 한다

전에 서울시 교육감이 학생인권조례를 공포하였습니다. 거기에는 인권이란 탈을 쓰고 학생들을 방종 타락하게 만든 내용들이 들어있습니다. 인권은 학생의 권리를 보장한다는 것이지만 그 권리 속에는 종교자유, 집회자유, 성적인 자유, 언론자유 등이 포함되어 있습니다. 즉, 기독교 학교에서도 학생에게 예배에 참여하라고 해서는 안되며, 학생이 아이를 낳아도 지적할 수 없고, 동성연애나 성전환을 해도 성적 자기 결정권을 인정해야 한다는 것입니다.

강원도 학교 인권조례의 내용을 보면 파업 쟁의행위를 통한 학생들의 권리를 신장하며 학생들의 폭력혁명으로 교육을 해방시키고 학교에서 일어나는 모든 문제를 학생들이 주체가 되어 해결해야 하며 교사와 학교 제도에 대해 투쟁의식을 고양시키고, 국가와 경찰의 권위를 부정하고, 부모와 자녀, 교사와 학생을 대등한 관계로 인권 개념을 적용하려 합니다. 이 같은 학생인권조례는 공산주의 전교조들의 정치 쟁취를 위한 도구입니다. (참고 2015년 5월 29일 국민 34쪽 전면광고물)

나가는 말

학생인권조례는 프랑스의 68혁명을 한국에 적용하는 것이라고 말합니다. 유럽의 사회주의, 공산주의자들이 학생들의 성 해방을 동기로 68혁명이 일어났습니다. 인권조례가 통과되면 우리나라에서도 동성애가 비성경적이라고 말하면 법에 어긋나기 때문에 형을 받든지 벌금을 내야 합니다. 프랑스 68혁명은 프랑스의 도덕, 윤리, 종교의 자살을 초래했습니다. 잘못된 정치교육과 성적 방종이 근거가 되는 학생인권조례는 반드시 폐기되어야 합니다. 그리스도인들은 신권 아래서 인권을 말하고 누려야 합니다. 신권을 거스르는 인권은 멸망을 자초합니다. 이것은 반드시 막아야 합니다.

나눔의 시간

1. 오늘 말씀을 통하여 느낀 점을 말해봅시다.
2. 국가의 법과 성의 법이 대립하였을 때 어느 법을 따를 것인지 나눠봅시다.(예: 주일 시험, 주일 근무, 동성애법 통과, 성 자유 등)

적용하기

오늘 말씀을 생활에 어떻게 적용할지 말해봅시다.

결단 및 합심기도

1. 인권보다 신권을 중히 여기고 따를 것을 다짐하며 기도합시다.
2. 우리 구역 부흥과 전도 대상자를 위하여 기도합시다.

감사 및 알림

헌금 및 기도, 교회 소식, 구역 소식, 다음 모임, 주기도

제38과 그리스도인의 직업관

- 본문 / 창세기 3:17-19
- 인사 / 반갑습니다. 사랑합니다. 주님의 이름으로 축복합니다.
- 찬송 / 524, 508장
- 신앙고백 (기도)

말씀읽기

17 아담에게 이르시되 네가 네 아내의 말을 듣고 내가 네게 먹지 말라 한 나무의 열매를 먹었
은즉 땅은 너로 말미암아 저주를 받고 너는 네 평생에 수고하여야 그 소산을 먹으리라 18 땅이
네게 가시덤불과 엉겅퀴를 낼 것이라 네가 먹을 것은 밭의 채소인즉 19 네가 흙으로 돌아갈 때
까지 얼굴에 땀을 흘려야 먹을 것을 먹으리니 네가 그것에서 취함을 입었음이라 너는 흙이니
흙으로 돌아갈 것이니라 하시니라

생각하기 / 저 대신 노예로 들어가시죠!

미국 남부에 살던 흑인 노예 한 명이 백인 주인으로부터 탈출하여 시카고로 왔습니다. 그는 시카고 변호사를 찾아갔습니다. 변호사가 "자네는 먹고살기가 어려워서 도망 나왔나?" 라고 묻자 "아닙니다. 먹을 것은 얼마든지 있었습니다." "그러면 사는 곳이 누추해서인가?" "아니오, 살고 있는 집은 좋은 곳이었습니다." "그럼 주인의 학대가 심했던 모양이군." "천만에요! 주인의 학대는 없었습니다." "그럼 일이 몹시 고되었군." "일의 양은 많지 않았어요." "그럼 자넨 왜 좋은 환경을 버리고 도망을 쳤는가?" 변호사는 이해할 수 없다는 듯이 노예를 바라보며 말했습니다. 그러자 흑인은 변호사를 뚫어지게 바라보면서 이렇게 말하는 것이었습니다. "제 환경이 그렇게 좋아 보이시거든 선생님이 저 대신 노예로 들어가시죠."

말씀 속으로

1. 근로(일)는 하나님이 명하셨다

아담과 하와가 범죄한 이후 인간에게는 일이 주어졌습니다. 최초의 일은 노동입니다. 하나님은 범죄한 아담에게 평생에 수고하여야 소산을 먹을 것이라고 하셨습니다. 그리고 네가 먹을 것은 밭의 채소라고 하였습니다. 밭을 일구고 채소를 심고 가꾸어서 식물을 삼으라는 것입니다. 어느 나라나 산업화가 되기 전에는 농경사회였습니다. 우리나라도 한 세대 전만 해도 농경사회였습니다. 생업의 수단으로 농사를 지어야 하였습니다. 그러나 이제는 농업인구보다 산업인구가 훨씬 많아졌습니다. 지금은 산업사회가 되었습니다. 농업을 하든지 산업에 종사하든지 건강할 때는 일을 해야 합니다. 바울 사도는 일하기 싫은 사람은 먹지도 말라고 하였습니다.(살후 3:10) 근로는 마땅히 하여야 할 의무입니다. 국민의 4대 의무 중 근로의 의무가 있습니다. 일할 수 있다는 것은 은혜요 축복입니다.

성경읽기 / 데살로니가전서 2:9을 읽고 바울은 왜 일하였으며 언제 일하였는지 말해봅시다.

2. 열심히 해야 한다

하나님은 아담에게 일하여 소산을 먹을 것이라고 하시면서 특별히 땀을 흘려야 먹을 것을 먹으리라고 하셨습니다.(창 3:19) 땀을 흘려야 한다는 말은 열심히 하여야 한다는 말입니다. 그리스도인들은 주어진 일에 열심을 다하여야 합니다. 회사의 사원이 되었든지, 공장의 근로자가 되었든지, 나라의 공무원이 되었든지, 아니면 개인 사업을 하든지, 상업을 하든지, 무슨 일을 하든지 최선을 다하여야 합니다.

하나님은 일하는 대로 열매를 맺으며 네 손이 수고한 대로 먹을 것이라고 하였습니다.(시 128:2) 바울 사도는 데살로니가 성도들에게 조용히 자기 일을 하고 네 손으로 일하기를 힘쓰라고 하였으며(살전 4:11), 너희 가운데 게으르게 행하여 도무지 일하지 않고 일을 만드는 자들이 있다고 책망도 하였습니다.(살후 3:11) 데살로니가 교인들 중에 주님 재림이 임박했다고 일하지 않는 자들이 있었음을 책망한 것입니다. 그리스도인들은 주님 오시는 날까지 주어진 일에 힘써 일해야 합니다.

성경읽기 / 요한복음 5:17을 읽고 예수님은 왜 일하신다고 하였는지 말해봅시다.

3. 선한 일에 힘써야 한다

사람은 각자에게 주어진 일이 있습니다. 회사의 사원으로서 해야 할 일, 가게 종업원이나 공장 직원으로서 해야 할 일, 국가 공무원으로서 해야 할 일 등 각자가 맡은 일이 있습니다. 이 일들은 주로 정한 시간에 하는 일들입니다. 하루 24시간 중에 직업으로서 해야 할 일은 8~10시간을 합니다. 주 7일 중 5일이나 6일을 합니다. 그리고 국가 공휴일은 쉬게 됩니다. 그 외의 시간은 본인이 활용하기에 따라 선한 일을 할 수 있습니다. 성경은 곳곳에서 선한 일에 힘쓸 것은 강조합니다.(딤전 6:18, 딛 3:8) 바울 사도는 주님께서 우리를 대신하여 자신을 주시고 모든 불법에서 우리를 속량하시고 깨끗하게 하심은 선한 일을 열심히 하는 자기 백성이 되게 하려 하심이라고 하였습니다.(딛 2:14) 주님의 교회를 위하여 하는 일, 주의 이름으로 어려운 이웃을 돕는 일, 복음 전하는 일 등은 선한 일입니다. 그리스도인들은 선한 일에 열심을 내야 합니다.

성경읽기 / 고린도전서 15:58을 읽고 항상 어떤 일에 힘쓰라고 하였는지 말해봅시다.

나가는 말

세상에는 선한 일과 악한 일이 있습니다. 하나님의 일과 마귀의 일이 있습니다.(요일 3:8) 하나님의 일은 선한 일이고 마귀의 일은 악한 일입니다. 주님께서 우리를 속량하심은 선한 일에 열심 내는 자기 백성이 되게 하기 위함입니다. 주님께서 다시 오실 때는 상을 가지고 와서 각 사람의 일한 대로 갚아주십니다.(계 22:12) 그러므로 그리스도인들은 기회있는 대로 선한 일에 힘써야 합니다.

나눔의 시간

1. 오늘 말씀을 통하여 느낀 점을 말해봅시다.
2. 내가 주로 하는 일은 무엇이며 내가 행했던 선한 일을 한 가지씩 나눠봅시다.

적용하기

오늘 말씀을 생활에 어떻게 적용할지 말해봅시다.

결단 및 합심기도

1. 주어진 일에 최선을 다하며 선한 일, 주의 일에 열심 낼 것을 다짐하며 기도합시다.
2. 우리 구역 부흥과 전도 대상자를 위하여 기도합시다.

감사 및 알림

헌금 및 기도, 교회 소식, 구역 소식, 다음 모임, 주기도

제39과 성윤리 및 동성애

- 본문 / 레위기 18:22-25
- 인사 / 반갑습니다. 사랑합니다. 주님의 이름으로 축복합니다.
- 찬송 / 263, 486장
- 신앙고백 (기도)

말씀읽기

22 너는 여자와 동침함 같이 남자와 동침하지 말라 이는 가증한 일이니라 23 너는 짐승과 교합
하여 자기를 더럽히지 말며 여자는 짐승 앞에 서서 그것과 교접하지 말라 이는 문란한 일이니
라 24 너희는 이 모든 일로 스스로 더럽히지 말라 내가 너희 앞에서 쫓아내는 족속들이 이 모
든 일로 말미암아 더러워졌고 25 그 땅도 더러워졌으므로 내가 그 악으로 말미암아 벌하고 그
땅도 스스로 그 주민을 토하여 내느니라

생각하기 / 사라진 도시 폼페이

로마제국이 부귀영화를 누릴 때 베스비우스 산 중턱 폼페이 도시에는 2천 명의 주민들이 살고 있었습니다. 이곳은 로마의 귀족들의 휴양지요 향락을 즐기는 도시였습니다. AD 63년 어느 날 한 노인이 나타나서 마을 주민들에게 "베스비우스 화산이 폭발할 것이오. 살 길이 두 가지가 있는데 하나는 하나님께 회개하는 것이요. 또 하나는 이곳을 떠나 이사하는 것이오!" 라고 외쳤습니다. 그러나 당시 그의 말을 믿는 사람은 아무도 없었습니다. 술과 성적 쾌락에 빠져있기에 그 노인의 말을 귀담아듣지 않았습니다. 그로부터 16년 후, 79년 8월 24일 베스비우스 화산은 폭발했으며 생존자는 한 명도 없었습니다. 폼페이에 가서 보면 성적 유물들을 많이 보게 되는데, 이 도시가 얼마나 성적으로 타락했는지를 보여주는 증거물들입니다.

말씀 속으로

1. 동성애는 하나님이 금하셨다

하나님은 아담과 하와를 만드시고 한 가정을 이루게 하였습니다. 그리고 그 가정을 통하여 생육하고 번성하라고 하셨습니다. 그러므로 남자와 여자의 이성 결혼을 통하여 자녀를 출산하여야 합니다. 그런데 인간이 타락하여 하나님을 거역하고 "남자가 순리대로 여자 쓰기를 버리고 서로 향하여 음욕이 불 일듯 하매 남자가 남자로 더불어 부끄러운 일을 행한다."(롬 1:27)라고 하였습니다. 동성애는 음욕을 다스리지 못하는 죄인들의 욕망으로 생겨난 행위입니다. 성경은 이를 단호히 금하고 있습니다. 하나님께서는 "누구든지 여인과 동침하듯 남자와 동침하면 둘 다 가증한 일을 행함인즉 반드시 죽일지니 자기의 피가 자기에게로 돌아가리라."(레 20:13)라고 하였으며 또한 "이 가증한 모든 일을 행한 자는 그 백성 중에서 끊어지리라."(레 18:29)라고 하였습니다.

성경읽기 / 고린도전서 6:9을 읽고 어떤 자가 하나님의 나라를 유업으로 받지 못한다고 하였는지 말해봅시다.

2. 동성애는 에이즈 병의 주원인이다

통계에 의하면 우리나라는 지난 5년간 에이즈 감염자 수가 다섯 배 증가하고 청소년 감염자 수는 여덟 배 증가했다고 나왔습니다. 국내 에이즈 환자 중 약 42.7%가 동성애자로 나타났으며 미국 청소년의 에이즈 감염자는 동성애에 의한 것이 92.8%로 나타나고 있습니다.(2015. 6. 10 국민일보) 중남미의 에이즈환자 160만 명 중 50%가 동성애로 감염되었습니다. 에이즈의 주요 원인이 동성애에 의한 발병임이 드러났습니다. 그리고 에이즈 감염자 치료비가 1인당 연간 3,600만 원이 드는데, 이는 국가재정에서 100% 국민 세금으로 부담하고 있습니다. 이런 질병의 원인이요 국민세금을 축내는 동성애가 점점 확산되고 있다는 것은 도덕적으로나 경제적으로 큰 손실이 아닐 수 없습니다. 우리나라는 2000년 10월에는 배우 홍석천 씨가 자신이 동성애자임을 공개하면서 '홍석천 커밍아웃을 지지하는 모임' 이 생겼고, 2013년 9월에 영화감독 김조광조와 김승환이 동성결혼을 공개적으로 선포하고, 많은 정치인들과 연예인들을 초청하여 동성결혼식을 자행하므로 동성애를 확산시켰습니다. 이런 동성애가 점점 확산되어가는 것은 큰 위기입니다

성경읽기 / 레위기 18:22을 읽고 무엇을 하지 말라고 하였는지 말해봅시다.

3. 동성애는 성적 타락의 극치다

이 시대 성적 타락은 극에 달했습니다. 하나님은 성적으로 타락했을 때 심판하셨습니다. 노아 시대도 성적으로 타락하여 하나님의 심판을 받았고, 소돔 고모라는 동성애의 죄악으로 유황불로 멸망당했습니다. 천사들이 소돔성에 들어갔을 때 많은 사람들이 롯의 집을 에워싸고 그들이 롯에게 와서 "네게 온 자를 끌어내라 우리가 상관하겠다."라고 하였는데 이는 동성애를 하겠다는 것입니다.(창 19:5) 동성애는 성적 타락의 극치입니다. 주후 79년 8월 이탈리아의 폼페이 도시가 화산재에 덮여 사라졌는데 폼페이의 멸망도 성적인 타락입니다. 그런데 오늘 이 시대는 노아 때보다 소돔 때나 폼페이 때보다 더욱 성적으로 타락한 시대입니다. 그렇다면 이 시대도 하나님의 심판 아래 놓여있다는 사실을 알아야 합니다.

성경읽기 / 열왕기상 15:12에서 아사 왕은 누구를 추방하였는지 말해봅시다.

나가는 말

동성애는 하나님의 창조의 섭리를 역행하며 신성한 가정제도를 무너뜨리고

교회를 무너뜨리는 가증한 죄악으로 '사탄의 전략' 입니다. 동성애는 인간 타락의 극치로 하나님의 심판을 불러오는 죄악입니다

동성애 지지자들은 공산주의의 인간해방 사상과 연관성을 가지고 있으며 이들은 가족제도의 해체, 성적 방종의 세상을 추구하고 있습니다. 2013년 동아일보와 미디어 리서치 발표의 국민의식 조사에 의하면, 국민의 78.5%가 동성애에 거부감을 나타냈고 73.8%는 동성애는 비정상적 사랑이라고 답했습니다. 그리스도인들은 이 땅에 동성애가 확산되지 못하도록 적극적으로 대처하며 막아야 합니다.

나눔의 시간

1. 오늘 말씀을 통하여 느낀 점을 말해봅시다.
2. 나는 지금까지 동성애를 어떻게 생각했는지 나눠봅시다.

적용하기

오늘 말씀을 생활에 어떻게 적용할지 말해봅시다.

결단 및 합심기도

1. 하나님의 법에 정면으로 도전하는 동성애가 확산되지 않도록 기도하며 동성애자들이 주님께 회개하고 병을 치료받기를 기도합시다.
2. 우리 구역 부흥과 전도 대상자를 위하여 기도합시다.

감사 및 알림

헌금 및 기도, 교회 소식, 구역 소식, 다음 모임, 주기도

제40과 조상 제사와 술, 담배

- 본문 / 고린도전서 10:20-21
- 인사 / 반갑습니다. 사랑합니다. 주님의 이름으로 축복합니다.
- 찬송 / 436, 540장
- 신앙고백 (기도)

말씀읽기

20 무릇 이방인이 제사하는 것은 귀신에게 하는 것이요 하나님께 제사하는 것이 아니니 나는
너희가 귀신과 교제하는 자가 되기를 원하지 아니하노라 21 너희가 주의 잔과 귀신의 잔을 겸
하여 마시지 못하고 주의 식탁과 귀신의 식탁을 겸하여 참여하지 못하리라

생각하기 / 조상 제사의 기원

우리나라에 삼국시대 이전에는 조상 제사가 없었습니다. 조상 제사의 관습은 12세기 말 중국 송나라 때 주희(주사)가 시작했습니다. 주희는 유교, 불교, 도교의 영향을 받아 유교 철학을 만들었는데 그의 철학을 성리학이라 불렀습니다. 본래는 부모에게 제사를 지낸 것이 아니고 황제에게 제사를 지냈는데 후에 제후들과 평민들까지 '왕들의 조상만 훌륭하냐? 우리 조상도 훌륭하다' 고 생각하면서 조상 제사를 지내기 시작했습니다. 13세기 고려 말기에 정몽주, 이색 등이 주희의 성리학을 본받아 제사를 지내는 사당을 지었고 그 후 이성계가 조선을 건국하고 유교를 받아들이면서 정치적인 목적으로 조상의 제사를 장려하였습니다. 조상 제사 관습은 아시아나 아프리카의 몇 개 부족 외에는 없습니다. 아시아권에 40여 개 나라 가운데 제사 지내는 나라는 대만, 중국, 일본, 홍콩, 한국입니다. 조상 제사는 한국 것이 아니라 13세기 이후에 중국에서 들어온 풍속입니다.

말씀 속으로

1. 조상 제사는 우상숭배다

기독교는 효도를 매우 강조합니다. 하나님이 주신 열 가지 계명 가운데 인간에게 해야 할 첫 번째 계명이 네 부모를 공경하라는 것입니다.(출 20:12) 부모를 공경하는 자에게는 놀라운 축복까지 약속하셨는데, 이는 네가 땅에서 잘 되고 장수하리라고 하였습니다.(엡 6:2-3) 반면에 부모를 거역하거나 불순종하는 자에게는 엄한 징벌을 말씀하셨는데 "자기 아버지나 어머니를 치는 자는 반드시 죽일지니라."(출 21:15)라고 하였고, 패역한 아들이 있어 부모의 말에 순종하지 않으면 그를 돌로 쳐죽여서 너희 중에 이런 악을 제하라고 했습니다.(신 21:18) 이렇게 부모 공경을 강조하는데 왜 조상 제사나 차례를 금할까요? 이는 우상숭배이기 때문입니다. 바울은 "이방인이 제사하는 것은 귀신에게 하는 것이요 하나님께 제사하는 것이 아니니 나는 너희가 귀신과 교제하는 자가 되기를 원하지 아니하노라."(고전 10:20)라고 하였습니다. 하나님은 우상숭배를 금하고 있습니다.

기독교는 살아계신 부모님께 효를 행하고 공경하라고 가르칩니다. 죽은 다음에 제사상 차리고 절하는 것은 귀신에게 하는 것입니다.

성경읽기 / 잠언 23:25은 부모에게 어떻게 하라고 하였는지 말해봅시다.

2. 술 취하지 말라

성경은 술 취하지 말라고 하였습니다.(엡 5:18) 술을 즐기는 사람들 중에는 "성경에 술 마시지 말라는 말이 어디에 있느냐? 취하지 말라고 했으니 취하지 않게 마시면 되지 않느냐?"라고 합니다. 그러나 술은 마신 만큼 취합니다. 음주 운전 단속할 때 술 마신 만큼 도수가 나타납니다. 성경은 왜 술 취하지 말라고 할까요? 술은 사람의 생명을 해할 수 있기 때문입니다. 우리나라는 1년에 술로 인한 사망자가 삼만 명이 넘습니다. 술 마시고 운전하다가 교통사고를 내는 경우가 대부분입니다. 술에 취하면 술에 지배를 받기 때문에 실수하고 싸움을 일으킵니다. 또한, 술은 건강을 해칩니다. 간장병, 위장병, 심장병을 가져오기도 합니다. 우리나라는 1년에 술로 인한 돈 낭비가 14조 원이나 됩니다. 성도는 술을 금해야 합니다.

성경읽기 / 잠언 23:20에서 어떤 자와 사귀지 말라고 하였는지 말해봅시다.

3. 담배는 왜 금하는가?

기독교에서는 담배를 금합니다. 담배를 금하는 이유는 여러 가지가 있습니다. 첫째는 건강을 해치기 때문입니다. 의학계 발표에 의하면 담배에는 4,000여 종의 해로운 물질이 들어있는데 담배로 인해 폐암, 후두암, 식도암, 위궤양, 심장마비, 간암 등 각종 암을 유발한다고 하였습니다. 담배를 피우는 사람은 안 피우는 사람보다 암에 걸릴 확률이 5~10배 더 높게 나타난다고 하였습니다. 또한, 담배 한 개를 피우면 수명이 5분 30초가 단축된다는 보고도 나왔습니다. 그러므로 국가에서도 금연을 강조하고 있으며 공공장소나 병원, 열차, 비행기 등 금연 장소에서 담배를 피우면 벌금을 물게 됩니다.

그리스도인들의 몸은 성령을 모시는 전입니다.(고전 3:16) 하나님의 성전을 더럽히는 자는 하나님이 그 사람을 멸하시리라고 하였습니다.(고전 3:17) 그러므로 성령을 모시는 전에 이와 같은 해로운 물질로 몸은 더럽히고 건강을 해치는 일을 금해야 합니다.

성경읽기 / 에베소서 5:5에서 어떤 자가 하나님의 나라에서 기업을 얻지 못한다고 하였나요?

나가는 말

그리스도인들은 하나님의 자녀요 하늘나라 백성입니다. 이제 옛사람과 옛 풍습을 버려야 합니다. 조상 제사나 차례, 고사 등은 모두 세상 풍습이며 우상숭배에서 나온 것입니다. 또한, 술이나 담배 마약 도박 등도 끊어버려야 합니다. 이는 건강을 해칠 뿐만 아니라 사람을 해치고 가정을 해치는 무서운 독약과 같습니다. 우리 몸은 성령이 거하시는 성전입니다. 하나님의 성전을 더럽히면 멸망당하게 됩니다. 하나님은 내가 거룩하니 너희도 거룩하라고 하였습니다.(고전 3:17)

나눔의 시간

1. 오늘 말씀을 통하여 느낀 점을 말해봅시다.
2. 나는 명절이나 조상기일이 되면 어떻게 하는지 나눠봅시다.

적용하기

오늘 말씀을 생활에 어떻게 적용할지 말해봅시다.

결단 및 합심기도

1. 옛사람과 옛 풍습을 버릴 것을 다짐하며 기도합시다.
2. 우리 구역 부흥과 전도 대상자를 위하여 기도합시다.

감사 및 알림

헌금 및 기도, 교회 소식, 구역 소식, 다음 모임, 주기도

제41과 감사와 찬양

- 본문 / 시편100:2-4
- 인사 / 반갑습니다. 사랑합니다. 주님의 이름으로 축복합니다.
- 찬송 / 93, 302장
- 신앙고백 (기도)

말씀읽기

2 기쁨으로 여호와를 섬기며 노래하면서 그의 앞에 나아갈지어다 3 여호와가 우리 하나님이신
줄 너희는 알지어다 그는 우리를 지으신 이요 우리는 그의 것이니 그의 백성이요 그의 기르시
는 양이로다 4 감사함으로 그의 문에 들어가며 찬송함으로 그의 궁정에 들어가서 그에게 감사
하며 그의 이름을 송축할지어다

생각하기 / 오프라 윈프리의 감사

토크쇼의 여왕인 오프라 윈프리는 그렇게 바쁜데도 그녀가 하루도 빼먹지 않는 게 있습니다. 그것은 날마다 감사 일기를 적는 습관입니다. 하루 동안의 일 중, 다섯 가지를 감사하는 겁니다. 그녀가 적은 감사의 내용은 거창한 것이 아니고 아주 작은 일상의 것들입니다.

1. 오늘도 거뜬하게 잠자리에서 일어날 수 있게 해주셔서 감사합니다.
2. 유난히 눈부시고 파란 하늘을 보게 해주셔서 감사합니다.
3. 점심 때 맛있는 스파게티를 먹게 해주셔서 감사합니다.
4. 미운 짓을 한 동료에게 화내지 않았던 저의 참을성에 감사합니다.
5. 좋은 책을 읽었는데, 그 책을 써 준 작가에게 감사합니다.

오프라 윈프리는 매일 감사 일기를 적으며 인생의 소중한 것을 발견했다고 합니다. 행복은 소유에 비례하는 것이 아니라 감사에 비례합니다. 감사가 곧 행복입니다.

말씀 속으로

1. 기쁨으로 하나님을 섬기라

시인은 하나님의 백성들이 하나님을 섬길 때 기쁨으로 섬기라고 말합니다. 왜 하나님을 기쁨으로 섬겨야 합니까? 이는 하나님이 우리 하나님이시요, 우리를 지으신 자시요, 우리는 하나님의 것이기 때문입니다.(3절) 하나님은 우리를 지으신 우리의 창조주시며 우리의 주인이십니다. 온 우주 만물의 주인이 우리 하나님이시며 우리의 아버지이십니다. 우리는 하나님의 자녀요, 백성이요, 소유입니다. 하나님이 우리의 모든 것을 책임져 주실 분입니다. 그러므로 하나님의 자녀가 되고 하나님의 소유가 되는 것은 복 중의 복입니다. 하나님이 우리를 하나님의 소유로 삼아 주셨으니 그 하나님을 기쁨으로 섬기는 것은 당연합니다. 하나님은 우리의 모든 문제를 해결해 주시는 분이십니다. 하나님은 우리의 주인이십니다. 하나님 앞에 나올 때마다 기쁨으로 나아와 기쁨으로 섬기시기 바랍니다.

성경읽기 / 시편 37:4을 읽고 마음의 소원을 이루는 길이 무엇인지 말해봅시다.

2. 그에게 감사하라

시인은 감사함으로 그 문에 들어가서 그에게 감사하라고 하였습니다. 그 문이란 하나님의 성전 문을 의미합니다. 이스라엘 백성들이 하나님의 전에 들어갈 때마다 감사함으로 들어가라는 말입니다. 이는 오늘 그리스도인들이 주님의 전에 나올 때마다 감사함으로 나오라는 것입니다. 우리는 주님 전에 나올 때마다 감사함으로 나아와 하나님께 감사의 예배를 드려야 합니다. 우리가 감사할 것은 우리를 택하시고 구원해 주심을 감사할 뿐만 아니라, 자연 만물을 우리를 위해 만들어 주시고 먹고 마시고 누리게 해주심을 감사하며 거할 땅과 집과 가정 주심을 감사해야 합니다. 또한, 섬길 수 있는 영적 가정인 교회를 주시고 우리에게 천국의 소망을 주시고 천국을 준비하며 살 수 있게 하심을 감사하여야 합니다. 감사란 소유에서가 아니라 깨달음에서 오는 것입니다. 그 깨달음은 하나님의 인자(사랑)하심에 대한 깨달음입니다.

성경읽기 / 시편 136:25을 읽고 무엇을 감사하라고 하였는지 말해봅시다.

3. 찬송하며 나아가라

시인은 찬송함으로 그 궁정에 들어가서 하나님께 찬양하라고 하였습니다. 기쁨으로 하나님을 섬기고 감사함으로 하나님께 나아가서 하나님을 찬양함은 예배의 참된 모습입니다. 예배에는 감사와 찬양이 있어야 하며 기쁨으로 하나님을 섬겨야 합니다. 찬양은 신앙의 보조적 요소가 아니라 본질적인 요소입니다.(사 43:21)

시인은 "찬송하라 하나님을 찬송하라, 찬송하라, 우리 왕을 찬송하라."(시 47:6)라고 하였습니다. 찬양할 때 전심으로 찬양해야 합니다. 마음 다해 찬양할 때 하나님이 그 찬양을 통하여 영광을 받으십니다. 다윗은 "주 나의 하나님이여 내가 전심으로 주를 찬송하고 영영토록 주의 이름에 영화를 돌리오리니."(시 86:12)라고 고백하였습니다. 마음을 드리지 않고 입술로만 찬양하는 것은 종교적인 행사에 불과합니다. 아름다운 목소리로 찬양하는 것도 좋지만, 전심으로 찬양하는 것을 주님은 더욱 기뻐하십니다. 우리는 예배 때마다 전심으로 하나님을 찬양하여 하나님을 기쁘시게 하여야 합니다.

성경읽기 / 히브리서 13:15에서 찬송을 무엇이라고 표현했는지 말해봅시다

나가는 말

감사와 찬송은 예배의 본질이며 성도의 신앙생활의 기본입니다. 감사가 없

는 예배나 찬양이 없는 예배는 참된 예배가 아닙니다. 감사와 찬양이 없는 신앙은 죽은 신앙입니다. 산 신앙은 감사와 찬양이 넘치는 신앙입니다. 우리는 매일 감사할 거리를 찾고 매일 찬양하는 삶을 살도록 힘써야 합니다. 이는 하나님이 인간을 창조한 목적이기도 합니다.(사 43:21)

나눔의 시간

1. 오늘 말씀을 통하여 느낀 점을 말해봅시다.
2. 나는 매일 몇 번이나 감사하며 찬양하는지 나눠봅시다.

적용하기

오늘 말씀을 생활에 어떻게 적용할지 말해봅시다.

결단 및 합심기도

1. 매일 감사하지 못하고 찬양하지 못한 것을 회개하고 매일 감사, 찬양하며 살 것을 다짐하며 기도합시다.
2. 우리 구역 부흥과 전도 대상자를 위하여 기도합시다.

감사 및 알림

헌금 및 기도, 교회 소식, 구역 소식, 다음 모임, 주기도

제42과 고난 중에도 감사하라

- 본문 / 시편 119:67, 71
- 인사 / 반갑습니다. 사랑합니다. 주님의 이름으로 축복합니다.
- 찬송 / 338, 325장
- 신앙고백 (기도)

말씀읽기

67 고난 당하기 전에는 내가 그릇 행하였더니 이제는 주의 말씀을 지키나이다 71 고난 당한 것
이 내게 유익이라 이로 말미암아 내가 주의 율례들을 배우게 되었나이다

생각하기 / 북한 지하교회 성도들 5대 생활 원칙

1. 우리의 핍박과 고난은 우리의 기쁨이며 영광이다.
2. 우리는 예수님 때문에 당하는 조소와 경멸 그리고 불이익을 기꺼이 감수한다.
3. 우리는 그리스도인으로서 타인의 눈물을 닦아주며 고난받는 자들을 위로해 준다.
4. 우리는 이웃에 대한 사랑에서 그들을 그리스도인으로 만들기 위해 우리의 생명까지도 바친다.
5. 우리는 하나님의 말씀을 따라 우리의 삶을 영위한다.

이상의 다섯 가지는 북한 지하교회 성도들이 예배할 때 주기도문과 함께 낭송하는 그리스도인의 5대 생활원칙인 "우리는 예수 혁명을 원한다"라는 표제어 아래 있는 내용입니다. 북한의 지하교회 성도들은 추정하기를 30만 내지 50만 명으로 봅니다. 북한의 정치범 수용소에 수감된 자들 중에 기독교 신자가 10% 정도라 합니다. 그들의 비인간적인 대우와 열악한 환경은 이미 알려져 있습니다. 이런 목숨을 건 신앙 지키기가 지금 북한에서 일어나고 있습니다.

말씀 속으로

1. 누구에게나 고난은 있다

영국의 시인으로서 『실락원』을 쓴 밀튼(Milton, John 1608-74)은 40세 때 크롬웰의 비서가 되고 「영국 국민을 위해 변명하는 글」을 집필하는 등 활기차게 일하려는 무렵에 차츰 시력을 잃기 시작하여 44세 때는 완전히 실명이 되고 말았습니다. 이런 고난이 왔지만 신앙의 사람 밀튼은 낙심하지 않았습니다. 하나님을 원망하지 않고 주의 뜻이 무엇인가를 알아보았습니다. 그리하여 그는 불행한 가운데서도 『실락원』이라는 유명한 책을 써내고 다음과 같은 감사의 고백을 하였습니다. "주께서 내 시력을 어둡게 하시고, 오직 주님만 볼 수 있도록 속눈을 열어 주셔서 감사합니다."라고 귀한 감사를 드렸습니다.

사람은 누구에게나 고난이 있습니다. 그 고난은 나에게 더 큰 유익과 복을 주시기 위한 무거운 짐이며 선물입니다.

성경읽기 / 시편 119:67을 읽고 왜 고난이 유익이 되는지 말해봅시다.

2. 고난 중에 감사가 참된 감사다

몇 년 전 팔과 다리가 다 없는 닉 부이치치가 한국을 다녀갔습니다. 그는 많은 사람들에게 큰 감동을 주었습니다. 팔과 다리 없이 몸통만으로 사는 당시 27살의 청년, 그럼에도 불구하고 지금은 숨 막히도록 바쁘게, 멋진 감사의 삶을 살게 되었고 난 정말 축복받은 사람이라고 고백을 했습니다. 남들에게 기대어 짐스러운 존재로 살 수밖에 없었던 그가 그런 인생을 살게 된 비밀은 도움을 받는 대신 도움을 주면서 살기로, 섬김을 받는 대신 섬기고 감사하며 살기로 작정한 데서 시작된 것입니다. 세상에는 나보다 훨씬 불행한 사람이 많이 있습니다. 내가 지금 활동하고 있다면 이번 주를 넘기지 못할 100만 명의 환자들보다 감사할 이유가 있고, 한 번도 전쟁의 위험이나 굶주림의 쓰라림, 수용

소의 괴로움을 경험하지 않았다면 5억 명의 사람들보다 감사할 이유가 있으며, 은행이나 지갑에 약간의 돈이 있다면 이 세상 8% 안에 드는 부자이며, 지금 이 글을 읽고 있다면 글을 읽을 줄 모르는 이 세상의 20%인 14억 사람들보다 감사할 이유가 있는 사람입니다. 고난 중에 감사가 참된 감사입니다.

성경읽기 / 시편 119:71에서 시인은 고난을 통하여 무엇을 배우게 되었다고 하였는지 말해봅시다.

3. 고난은 더 큰 유익을 준다

5대 독자의 아버지가 아들에게 세 가지를 교훈했습니다. 첫째는 '밥투정하지 말라' 입니다. 아버지는 밥투정하는 것을 절대로 용납하지 않았습니다. 둘째는 '음식을 남기지 말라' 입니다. 네가 남긴 음식을 먹을 사람이 없고 음식을 버리면 하나님 앞에 죄가 된다고 했습니다. 셋째는 '여름에 덥다는 말을 하지 말라' 입니다. 덥지 않고는 농사가 되지 않기 때문입니다. 더위가 물러가고 선선한 바람이 불면 식물의 성장이 멈춥니다. 더위가 계속되느냐 되지 않느냐에 따라서 흉년이 들기도 하고 풍년이 들기도 합니다. 농사는 날씨가 더울수록 좋은 것이고 더위가 길수록 좋은 것입니다. 날씨가 덥다가 서늘해지기까지 벼가 성장했으면 풍년이 들고 그때까지 성장을 못했으면 흉년이 듭니다. 그러므로 밥을 먹고 사는 사람은 덥다고 불평하면 안 된다는 것입니다. 더위는 괴롭지만 이 더위와 함께 식물은 성장합니다. 고난은 괴롭습니다. 그러나 고난을 통하여 믿음이 성장합니다.

성경읽기 / 골로새서 3:15에서 너희는 어떤 자가 되라고 하였나요?

나가는 말

탈무드에 이런 말이 있습니다. "인생에서 일부분을 잃었을 때 나머지 있는 것을 생각하고 감사하라. 만일 한 손을 다쳤으면 두 손을 다 다치지 않은 것을 감사하라. 만일 한쪽 발을 다쳤으면 두 발을 다 다치지 않은 것을 감사하라. 만일 두 손과 두 발을 다 다쳤으면 목이 부러지지 않은 것을 감사하라. 만일 목이 부러졌다면 하나님이 천국에서 맞아 주실 테니까 감사하라."

성도는 어떤 고난이 와도 고난 속에서 감사할 수 있어야 합니다.

나눔의 시간

1. 오늘 말씀을 통하여 느낀 점을 말해봅시다.
2. 나에게는 어떤 고난이 있었는지, 그 고난과 어려움이 닥쳤을 때 어떻게 하였는지 나눠봅시다.

적용하기

오늘 말씀을 생활에 어떻게 적용할지 말해봅시다.

결단 및 합심기도

1. 고난 속에서 감사하지 못했던 것들이 있으면 회개하고 고난 속에서도 감사할 수 있는 믿음을 달라고 기도합시다.
2. 우리 구역 부흥과 전도 대상자를 위하여 기도합시다.

감사 및 알림

헌금 및 기도, 교회 소식, 구역 소식, 다음 모임, 주기도

제43과 선불 감사

- 본문 / 신명기 16:15, 17
- 인사 / 반갑습니다. 사랑합니다. 주님의 이름으로 축복합니다.
- 찬송 / 373, 569장
- 신앙고백 (기도)

말씀읽기

15 네 하나님 여호와께서 택하신 곳에서 너는 이레 동안 네 하나님 여호와 앞에서 절기를 지키고 네 하나님 여호와께서 네 모든 소출과 네 손으로 행한 모든 일에 복 주실 것이니 너는 온전히 즐거워할지니라 17 각 사람이 네 하나님 여호와께서 주신 복을 따라 그 힘대로 드릴지니라

생각하기 / 세 종류의 사람

감사라는 관점에서 세상에는 세 가지 종류의 사람이 있습니다.

첫째는 있음에도 불구하고 감사할 줄 모르는 사람입니다. 우리 주변에는 언제나 감사할 줄은 모르고 불평하는 사람이 있습니다.

둘째는 있으므로 감사하는 사람들입니다. 이는 너무나 자연스러운 것입니다. 원하는 것이 채워지면 감사합니다. 그러나 조건이 사라지면 감사도 사라집니다.

셋째는 없을지라도 감사하는 사람입니다. 이들은 성숙한 믿음의 사람입니다. 이들은 범사에 감사하는 말씀을 따라 사는 사람들입니다.

하박국 3장 17-18절에 나오는 하박국의 감사가 그런 감사입니다. 그리스도인들은 오직 하나님으로 인하여 감사하고 예수 그리스도로 인하여 감사하며 살아야 합니다.

말씀 속으로

1. 선불 감사는 건강의 복이 온다

사람이 사랑에 빠지게 되면 예뻐집니다. 이는 뇌 속에서 기분을 좋게 하는 엔돌핀이라는 호르몬이 나오기 때문입니다. 엔돌핀이 분비되면 기분이 좋아지고 건강해지는 것입니다 선물을 받으면 엔돌핀이 나오고 칭찬을 들어도 엔돌핀이 나옵니다. 그런데 작은 일이라도 감사할 줄 아는 사람에게는 엔돌핀이 더 잘 나온다는 것입니다. 그래서 건강한 것입니다. 그러나 늘 불만에 쌓여 인상 쓰며 사는 사람에게는 엔돌핀이 잘 나오지 않고 그 대신 암을 유발하는 나쁜 독이 몸에서 배출되기 때문에 건강을 잃어버리게 된다는 것입니다. 그래서 불평하는 사람이 평균적으로 감사하는 사람보다 5~10년 일찍 죽는다고 합니다. 감사하며 사는 사람에게 건강의 축복을 주시는 것입니다.

성경읽기 / 로마서 1:21을 읽고 말세의 타락한 인간의 특성이 무엇인지 말해봅시다.

2. 선불 감사는 병을 고친다

암에 걸린 사람이 있었습니다. 처음에는 하필이면 왜 나에게 이런 병에 걸렸나 하늘을 원망하고 슬퍼하고 좌절하였습니다. 점점 병이 더 깊어졌습니다. 그러다가 어느 날 이런 생각이 들더랍니다. 어차피 죽을 목숨인데 뭔가 감사할 내용을 찾아보자 생각하고 무엇이든 감사하기로 했습니다. "통증이 와도 감사합니다. 주사를 맞아도 감사합니다. 치료를 받을 때도 감사합니다. 잘 때도 감사합니다. 일어날 때도 감사합니다." 매일 매 순간 감사하고 또 감사했습니다. 그러자 놀라운 일이 일어났습니다. 암세포가 하나 둘 줄어들기 시작하더니 완전히 사라졌습니다. 건강을 회복하였습니다. 감사가 암을 이긴 것입니다.

여러분, 감사가 불행을 이깁니다. 행복하기를 원하신다면 감사하며 사시기 바랍니다.

성경읽기 / 잠언 17:22을 읽고 무엇이 양약이라고 하였는지 말해봅시다.

3. 복 주실 것을 믿고 감사하라

하나님은 이스라엘 백성들에게 지금까지 주신 복에 대하여 힘대로 예물을 드리며 감사하라고 하셨습니다.(신 16:10, 17) 그런데 하나님께서 앞으로 주실 복을 인하여 즐거워하라고 하십니다.(신 16:15) 앞으로 주실 복은 어떤 것입니까? "네 모든 소출과 네 손으로 행한 모든 일에 복을 주실 것이니…."(신 16:15) 구 성경에는 "복 주실 것을 인하여"라고 하였습니다. 그리스도인들은 받은 복에 대하여 마땅히 감사하여야 합니다. 그러나 앞으로 받을 복을 바라보며 선불 감사할 수 있어야 합니다. 받은 복에 대하여 감사하는 것은 다 할 수 있는 일입니다. 그러나 앞으로 받을 복을 인하여 감사하는 것은 아무나 하지 못합니다. 믿음의 사람만이 할 수 있습니다. 히브리서 기자는 "믿음은 바라는 것들의 실상이요 보지 못한 것들의 증거"(히 11:1)라고 하였습니다. 주실 복을 바라보고 믿음으로 선불 감사하면 그 복이 그대로 이루어집니다. 믿음의 사람들은 받은 복을 감사할 뿐 아니라 앞으로 복 주실 것을 믿고 감사하시기 바랍니다.

하나님은 감사하는 자에게 더 큰 복을 주십니다. 믿음대로 되어집니다. 복 주실 것을 믿고 감사하여 그 복을 받으시기 바랍니다.

성경읽기 / 시편 136:25에서 시인은 무엇을 감사하라고 하였는지 말해봅시다.

나가는 말

감사란 말은 히브리어의 "토-다"로 이는 고백과 찬양이란 뜻이 있습니다. 감사는 단지 마음으로만 하는 것이 아니고 입술로도 그 뜻을 표현해야 합니다. 나에게 은혜를 베푼 분에게 "감사합니다."라고 말로 표현하고 사례를 하는 것입니다. 우리는 하나님께 받은 은혜에 대하여 항상 감사하며 살아야 합니다.

그리고 앞으로 받을 축복을 생각하며 믿음으로 선불 감사를 하면 그 믿음대로 하나님께서 이루어 주십니다.

나눔의 시간

1. 오늘 말씀을 통하여 느낀 점을 말해봅시다.
2. 나는 앞으로 받을 복을 위하여 선불 감사를 하고 있는지 나눠봅시다.

적용하기

오늘 말씀을 생활에 어떻게 적용할지 말해봅시다.

결단 및 합심기도

1. 믿음이 없어 선불 감사를 하지 못한 것을 회개하며 이제 선불 감사를 하며 살 것을 기도합시다.
2. 우리 구역 부흥과 전도 대상자를 위하여 기도합시다.

감사 및 알림

헌금 및 기도, 교회 소식, 구역 소식, 다음 모임, 주기도

제44과 감사를 습관화하라

- 본문 / 데살로니가후서 1:3-4
- 인사 / 반갑습니다. 사랑합니다. 주님의 이름으로 축복합니다.
- 찬송 / 303, 347장
- 신앙고백 (기도)

말씀읽기

3 형제들아 우리가 너희를 위하여 항상 하나님께 감사할지니 이것이 당연함은 너희의 믿음이
더욱 자라고 너희가 다 각기 서로 사랑함이 풍성함이니 4 그러므로 너희가 견디고 있는 모든
박해와 환난 중에서 너희 인내와 믿음으로 말미암아 하나님의 여러 교회에서 우리가 친히 자랑
하노라

생각하기 / 이래도 감사, 저래도 감사

대서양을 항해해 보스턴으로 가는 여객선이 있었는데 갑자기 거센 풍랑이 일어 배가 기우뚱하면서 금방 아수라장이 되었습니다. 사람들은 살겠다고 우왕좌왕하며 난리가 났습니다. 이런 혼란 가운데서도 눈을 감고 기도를 하는 한 노부인이 있었습니다. 몇 시간이 지난 후 바다는 잔잔해졌고 배는 항구에 도착하였습니다. 선장이 이 노인을 찾아가서 물었습니다. "부인께서는 어떻게 배가 침몰할 지경에도 그렇게 침착하고 평온할 수가 있었습니까?" 그러자 부인은 "제게는 두 딸이 있습니다. 한 애는 보스턴에 있고 다른 아이는 천국에 갔습니다. 저는 이렇게 기도했습니다. '하나님 만약 이 풍랑을 잔잔하게 해주셔서 무사히 보스턴에 가면 큰딸을 만나게 되니 감사를 드립니다. 그러나 배가 침몰하면 저는 그렇게도 보고 싶고 그리운 작은딸을 천국에서 만나게 되니 그것도 감사드립니다. 배가 침몰해도 감사하고, 풍랑을 잔잔케 해주셔도 감사할 뿐입니다.' "

말씀 속으로

1. 감사할 때 축복이 온다

일본 마쓰시타 전기산업의 창시자 마쓰시타 고노스케에게 어떤 기자가 "회장님의 성공비결이 어디에 있습니까?" 라고 묻자 "나는 늘 세 가지를 감사하고 살았습니다. 첫째는 내가 가난하게 태어난 것이요, 둘째는 내가 배우지 못한 것이며, 셋째는 내가 허약했다는 사실입니다." 기자가 조금 아리송해서 다시 물었습니다. "세상 사람들이 불행의 조건으로 생각하는 것들이 어찌 감사의 조건이 되었습니까?" 그러자 회장이 말하기를 "나는 가난 속에 태어났기 때문에 부지런히 일했습니다. 그리고 초등학교 4학년을 중퇴했기 때문에 항상 이 세상 사람들을 나의 스승으로 받들고 배우는 자세로 살았습니다. 또 약하게 태어났기 때문에 건강의 소중함도 깨닫고 건강을 지키기 위해 힘썼습니다. 그래서 아흔이 넘은 이 나이에도 겨울철에 냉수마찰을 한답니다. 이처럼 하늘이 내게 준 환경들이 나를 이만큼 성장시켜 주었으니, 하늘에 늘 감사한 마음으로 삽니다." 라고 대답했답니다. 감사할 때 축복이 옵니다.

성경읽기 / 빌레몬서 1:4-5에서 바울은 무엇을 감사한다고 하였나요?

2. 감사할 때 기적이 일어난다

일본이 전쟁에 패한 이후 한 장교는 국민들의 시선이 너무 따가워 괴로웠다고 합니다. 너희들이 잘못해서 패전했다는 소리를 들을 때마다 가슴이 아프고 심지어 병까지 생겨 손이 마비되어 움직이지 않게 되었습니다. 병원에 가서 진단을 받았는데 의사가 "살고 싶으면 내 말대로 하겠느냐?" 라고 물었고, "예! 무엇이든지 하겠다!" 라고 했더니 "오늘부터 매일 감사를 1만 번씩 하라. 그러면 살 수 있다." 라고 하였습니다. 살려면 하라고 했으니 억지로라도 아침부터 저녁까지 "감사합니다, 감사합니다." 했더니 그것이 입에 습관이 되어 매일 감사,

감사하며 살게 되었습니다. 어느 날 갑자기 가슴이 탁 트인 것 같으면서 몸이 풀리기 시작하더니 아들이 먹을 것을 가져왔는데 마비되어 뻗지 못했던 손이 쭉 뻗어졌답니다. 그래서 먹을 것을 먹고 그 뒤부터 몸이 나았답니다. 감사는 기적을 가져옵니다.

성경읽기 / 요한복음 11:41에서 예수님은 나사로를 살리기 전에 무엇을 하였는지 말해봅시다.

3. 감사의 습관을 가져라

사도 바울은 곳곳에서 항상 감사한다고 하였습니다.(살전 1:2, 몬 1:4, 엡 5:20) 감사는 하나님의 뜻입니다. "범사에 감사하라 이것이 그리스도 예수 안에서 너희를 향하신 하나님의 뜻이니라."(살전 5:18) 범사에 감사하며 사는 삶은 하나님의 뜻을 따라 사는 삶입니다. 범사에 감사한다는 말은 일이 잘될 때나 잘못될 때도 감사하는 것을 말합니다. 이는 모든 상황에 감사하는 것이며 날마다 감사하는 것입니다. 그리스도인들은 감사의 습관을 가져야 합니다. 미국인들은 감사(Thank)라는 말을 많이 합니다. 사소한 것에도 감사를 합니다. 감사는 개인과 가정과 사회를 명랑하게 만드는 보약입니다.

성경읽기 / 에베소서 5:20을 읽고 언제 감사하라고 하였는지 말해봅시다.

나가는 말

감사는 기적을 창조할 뿐만 아니라 더 큰 감사를 불러옵니다. 불행할 때 감사하면 불행이 끝나고 형통할 때 감사하면 형통이 연장됩니다. 그러므로 현재의 환경이 어려울지라도 구원해 주신 하나님께 감사하시기 바랍니다. 어려움을 통하여 더 강하게 만드시는 하나님께 감사하시기 바랍니다. 감사를 표현하며 고백하시기 바랍니다. 감사를 습관화하시기 바랍니다.

나눔의 시간

1. 오늘 말씀을 통하여 느낀 점을 말해봅시다.
2. 나는 하루에 감사의 말을 많이 하는지 불평의 말을 많이 하는지 나눠봅시다.

적용하기

오늘 말씀을 생활에 어떻게 적용할지 말해봅시다.

결단 및 합심기도

1. 매일매일 감사를 습관화할 것을 다짐하며 기도합시다.
2. 우리 구역 부흥과 전도 대상자를 위하여 기도합시다.

감사 및 알림

헌금 및 기도, 교회 소식, 구역 소식, 다음 모임, 주기도

제45과 시한부 인생

- 본문 / 시편 90:5-7, 9-10
- 인사 / 반갑습니다. 사랑합니다. 주님의 이름으로 축복합니다.
- 찬송 / 492, 488장
- 신앙고백 (기도)

말씀읽기

5 주께서 그들을 홍수처럼 쓸어가시나이다 그들은 잠깐 자는 것 같으며 아침에 돋는 풀 같으니
이다 6 풀은 아침에 꽃이 피어 자라다가 저녁에는 시들어 마르나이다 7 우리는 주의 노에 소멸
되며 주의 분내심에 놀라나이다 9 우리의 모든 날이 주의 분노 중에 지나가며 우리의 평생이
순식간에 다하였나이다 10 우리의 연수가 칠십이요 강건하면 팔십이라도 그 연수의 자랑은 수
고와 슬픔뿐이요 신속히 가니 우리가 날아가나이다

생각하기 / 간암 말기

어느 교회에 소설을 쓰는 여자 집사님이 있었습니다. 집사님은 글을 쓰고 인기를 유지하는 일에 몰두했고, 소설이 인기가 있어서 돈도 많이 벌었습니다. 그 돈을 부동산에 투자해서 자기의 재산을 증식해 나갔습니다. 그러던 어느 날 몸에 이상이 생겨 병원에 가서 종합 진찰을 받아보았습니다. 간암 말기였습니다. 남은 삶이 3개월밖에 되지 않는 시한부 인생임을 알게 되었습니다. 집으로 오면서 처음으로 자기의 삶에 대해서 진지하게 생각하게 되었습니다. 전도서의 말씀이 그렇게나 실감 나게 느껴질 수가 없었습니다. "헛되고 헛되며 헛되고 헛되니 모든 것이 헛되도다."(전 1:2) 그동안 살아온 모든 삶이 헛되게 느껴졌습니다. 한없이 눈물이 쏟아졌습니다. 사랑하는 가족들의 얼굴을 쳐다보아도, 그동안 애써 장만해 놓았던 가구들을 쳐다보아도, 심혈을 기울여 써온 원고 뭉치를 쳐다보아도 그저 눈물만 쏟아질 뿐이었습니다.

말씀 속으로

1. 인생의 삶은 풀과 같다

모세는 인생의 삶은 아침에 피었다가 저녁에 시들어 마르는 풀과 같고 풀의 꽃과 같다고 하였습니다. 이는 인간의 삶이 잠깐이요, 짧음을 의미하는 말입니다. 풀의 꽃이 아무리 아름다울지라도 며칠이 지나면 시들어 떨어집니다. 인간이 아무리 젊고 힘이 있고 부요해도 그 모든 것은 잠깐입니다. 언제 이 땅에서의 삶이 끝날지 모릅니다.

야고보 선생은 인생의 삶을 안개로 비유했습니다. "들으라 너희 중에 말하기를 오늘이나 내일이나 우리가 어떤 도시에 가서 거기서 일년을 머물며 장사하여 이익을 보리라 하는 자들아 내일 일을 너희가 알지 못하는도다 너희 생명이 무엇이냐 너희는 잠깐 보이다가 없어지는 안개니라."(약 4:13-14) 우리 인생은 내일 일을 알지 못합니다. 그러므로 우리는 언제 떨어질지 모르는 꽃과 같은 인생임을 알고 오늘 하루하루 주어진 사명을 감당하며 최선의 삶을 살아야 합니다.

성경읽기 / 에베소서 5:1에서 누구를 본받는 자가 되라고 하였는지요?

2. 인생의 삶은 날아간다

어느 분이 나이에 따른 세월의 속도감을 표현하기를 "10대는 기어가는 듯 10km로 가고, 20대는 걸어가는 듯 20km로 가고, 30대는 뛰어가는 듯 30km로 가고, 40대는 수레를 탄 듯 50km로 가고, 50대는 말을 탄 듯 70km로 가고, 60대는 나는 듯 100km로 가고, 70대는 바람처럼 스쳐 가는 듯 120km로 가고, 80대는 번개처럼 140km로 지나간다."라고 하였습니다. 나이가 들수록 빠르게 지나감을 뜻합니다.

모세는 우리의 연수가 칠십이요 강건하면 팔십이라고 하였습니다. 현대인

수명은 나라별로 다릅니다. 우리나라는 이제 '백 세 시대'라도 합니다. 물론 100세를 더 사는 분들도 있지만, 평균수명은 남자는 70대고 여자는 80대입니다. 아프리카나 동남아시아의 대부분 나라들은 우리나라보다 평균수명이 낮습니다. 그런데 70년, 80년이 지나고 보면 신속히 지나갔고 날아간 것처럼 지나간다고 하였습니다. 모세는 "우리의 평생이 순식간에 다하였나이다."(시 90:9)라고 했습니다.

성경읽기 / 시편 78:39에서는 인생을 무엇이라고 표현했는지 말해봅시다

3. 우리는 모두 시한부 인생이다

모든 인간은 시한부 인생을 살고 있는 것과 같습니다. 특별한 병이 없다 해도 모든 사람은 죽음이라는 불치병에 걸려있습니다. 그래서 각자의 육체의 남은 때가 있는데 점점 더 짧아지고 있을 뿐입니다. 더구나 만물의 마지막이 가까워지고 있고 즉 예수님의 재림이 임박하고 있으니 그 남아 있는 때가 얼마가 될지 아무도 모릅니다.

때는 곧 기회입니다. 때는 항상 있는 것이 아닙니다. 때는 지나가면 끝납니다. 지나가기 전에 활용해야 합니다. 가장 값지고 보람된 일에 활용해야 합니다. 주님께서 다시 오심으로 인류역사도 끝납니다. 우리는 시한부 인생임을 알고 아직 이 땅에서 호흡하고 기회가 있을 때 육체의 끝날을 대비하고 주님 앞에 설날을 대비하며 살아야 합니다.

성경읽기 / 시편 102:3을 읽고 인생의 날이 무엇과 같다고 하였는지 말해봅시다.

나가는 말

인생은 모두 죽음 앞에 놓인 시한부 인생입니다. 다만 그날이 언제인지 알

지 못할 뿐입니다. 그러므로 더욱 방심하면 안 됩니다. 오늘이 그날일 수도 있고 내일이 그날일 수도 있기 때문입니다. 그러므로 그리스도인들은 오늘이 마지막 날인 것처럼 알고 주어진 사명을 감당하며 값지고 보람된 삶, 후회 없는 삶을 살아야 합니다.

나눔의 시간

1. 오늘 말씀을 통하여 느낀 점을 말해봅시다.
2. 오늘이 내 삶의 마지막 날이라면 오늘 하루 무엇을 할 것인지 나눠봅시다.

적용하기

오늘 말씀을 생활에 어떻게 적용할지 말해봅시다.

결단 및 합심기도

1. 시한부 인생임을 알고 하루하루 최선의 삶을 살 것을 다짐하며 기도합시다.
2. 우리 구역 부흥과 전도 대상자를 위하여 기도합시다.

감사 및 알림

헌금 및 기도, 교회 소식, 구역 소식, 다음 모임, 주기도

제46과 죽음 이후

- 본문 / 히브리서 9:27-28
- 인사 / 반갑습니다. 사랑합니다. 주님의 이름으로 축복합니다.
- 찬송 / 308, 301장
- 신앙고백 (기도)

말씀읽기

27 한번 죽는 것은 사람에게 정해진 것이요 그 후에는 심판이 있으리니 28 이와 같이 그리스도도 많은 사람의 죄를 담당하시려고 단번에 드리신 바 되셨고 구원에 이르게 하기 위하여 죄와 상관없이 자기를 바라는 자들에게 두 번째 나타나시리라

생각하기 / 천국으로 가는 영혼들

박용규 목사께서 1987년 12월 19일 뇌출혈로 쓰러져 심장의 고동소리가 멈추고 임종 예배를 드릴 때 빛나는 두 천사의 인도를 받아 천국에 갔습니다. 그의 영혼은 순식간에 하늘로 솟구쳐 올라갔고 북극으로 난 길을 통해 천국에 들어가는데 북극 하늘에서 천국까지 황금의 길이 깔려 있었습니다. 거기에는 자기와 같이 길 가는 수많은 흰 옷 입은 무리들이 있었습니다. 그들을 보고 천사에게 물었더니

"그들은 땅에서 하나님을 잘 섬기고 예수님을 잘 믿고 성령님을 잘 모시고 충성하며 살다가 죽은 성도들로서 육체를 벗고 천국으로 가는 영혼들이다."라고 대답했습니다. (박용규 목사 간증 책자에서 인용)

말씀 속으로

1. 사람은 한 번 죽는다

한 번 죽는 것이 사람에게 정하신 것이라고 하였습니다. 그러므로 이 땅에 태어난 사람은 한 번 죽게 되어 있습니다. 물론 성경에는 에녹과 엘리야가 죽지 않고 살아서 하늘로 올라간 분들도 있습니다. 이는 인류 역사의 마지막 때에 일어날 휴거의 모형들이라고 볼 수 있습니다. 주님이 재림 시에는 살아있는 자들이 죽지 않고 주님 앞으로 휴거되어 올라가게 됩니다. 그러나 그 외의 사람들은 한번 죽음을 맞게 됩니다. 힘 있는 자도 죽고, 돈 많은 자도 죽습니다. 지혜자도 죽고 어리석은 자도 죽습니다. 죽음 앞에는 차별이 없습니다. 이는 죄를 지으면 죽으리라고 하나님께서 법을 정하셨기 때문입니다. 바울 사도는 모든 사람이 죄를 지었으므로 모든 사람에게 사망이 이르렀다고 하였습니다.(롬 5:12하)

성경읽기 / 전도서 3:2을 읽고 어떤 때가 있다고 하는지 말해봅시다.

2. 죽음 후에는 심판이 있다

대부분의 사람들은 죽음을 끝으로 알고 살아갑니다. 그러나 분명한 것은 죽음이 끝이 아니라는 사실입니다. 죽음 후에는 심판이 있다고 하였습니다. 심판이란 행한 대로 받는 것입니다. 사람이 세상에서도 죄를 지으면 그에 준하는 형을 받고 옥살이를 하든지 벌금을 물든지 합니다. 인간을 만드신 하나님께서는 인간이 이 땅에 사는 동안 어떻게 살았느냐에 따라 행한 대로 심판을 하십니다. 우리가 창조주 되시는 하나님을 섬기며 구원자 되시는 예수님을 믿고 선하게 살아야 할 이유가 여기에 있습니다. 죽음 후 심판이 없다면 이 땅에서 선을 행하면서도 억울한 일 당한 사람들이나 악을 행하고도 큰소리치며 부귀영화를 누리고 사는 사람들은 누가 갚아주겠습니까? 그대로 끝난다면 굳이 선하게 살아야 할 이유가 없습니다. 그러나 하나님의 공의의 심판이 반드시 있습니다. 그러므로 성경은 그리스도인들에게 선을 행하다가 낙심하지 말라고 하였습니다. 때가 되면 갚아주시기 때문입니다.(갈 6:9)

성경읽기 / 마태복음 16:27을 읽고 예수님께서 오실 때 어떻게 갚으신다고 했는지 말해봅시다.

3. 죽음 이후에는 천국, 아니면 지옥으로 간다

하나님의 심판에는 크게 두 종류가 있습니다. 하나는 믿음 심판이요 하나는 행위 심판입니다. 믿음 심판이란 그의 믿음에 따라 가는 곳이 결정되는 심판입니다. 이는 예수님을 믿고 죽은 자는 천국으로 가고 믿지 않고 죽은 자는 지옥으로 가는 영원한 삶의 장소가 결정되는 심판입니다.

행위 심판이란 그가 이 땅에서 행한 대로 받는 심판으로 예수님을 믿었어도 선한 행위가 없으면 구원은 받되 부끄러운 구원을 받게 됩니다. 그러나 복음을 전하며 선을 행한 자는 천국에서 면류관을 받고 영광을 얻게 됩니다. 바울 사도는 "만일 누구든지 그 위에 세운 공적이 그대로 있으면 상을 받고 누구든지 그 공적이 불타면 해를 받으리니 그러나 자신은 구원을 받되 불 가운데서 받은 것 같으리라."(고전 3:14-15)라고 하였습니다. 지옥 가는 사람도 그의 행위에 따라 고통받는 장소가 다르게 정해질 것입니다. 우리는 심판이 있음을 알고 이 땅에 사는 동안 공적을 쌓아야 합니다.

성경읽기 / 요한계시록 21:8을 읽고 어떤 자가 불과 유황으로 타는 못에 들어간다고 하였는지 말해봅시다.

나가는 말

사람은 누구나 한 번 죽습니다. 그러나 죽음은 끝이 아닙니다. 죽음 후에는 심판이 있습니다. 심판은 우리 인간이 행한 대로 받는 것입니다. 예수님을 믿어도 행위가 없으면 구원은 받되 상급이 없습니다. 우리는 믿는 것으로 만족할 것이 아니고 이제 상급 받는 일에 힘써야 합니다. 지상의 상급은 없어지는 것이지만 천국의 상급은 영원히 없어지지 않습니다. 천국에서 상 받는 자가 영원한 승리자입니다.

나눔의 시간

1. 오늘 말씀을 통하여 느낀 점을 말해봅시다.
2. 나는 천국에서 상 받을 만한 일을 얼마나 하고 있는지 나눠봅시다.

적용하기

오늘 말씀을 생활에 어떻게 적용할지 말해봅시다.

결단 및 합심기도

1. 천국에서 상 받는 일에 힘쓸 것을 다짐하며 기도합시다.
2. 우리 구역 부흥과 전도 대상자를 위하여 기도합시다.

감사 및 알림

헌금 및 기도, 교회 소식, 구역 소식, 다음 모임, 주기도

제47과 어린 양의 혼인잔치

- 본문 / 요한계시록 19:7-9상
- 인사 / 반갑습니다. 사랑합니다. 주님의 이름으로 축복합니다.
- 찬송 / 175, 180장
- 신앙고백 (기도)

말씀읽기

7 우리가 즐거워하고 크게 기뻐하며 그에게 영광을 돌리세 어린 양의 혼인 기약이 이르렀고 그
의 아내가 자신을 준비하였으므로 8 그에게 빛나고 깨끗한 세마포 옷을 입도록 허락하셨으니
이 세마포 옷은 성도들의 옳은 행실이로다 하더라 9 천사가 내게 말하기를 기록하라 어린 양의
혼인 잔치에 청함을 받은 자들은 복이 있도다

생각하기 / 세기의 결혼식

2011년 4월 29일 11시에 영국 웨스트민스터 대성당에서 영국의 윌리암 왕자와 평민인 케이트 미들턴의 결혼식이 거행되었습니다. 이는 영국 왕실의 결혼으로 세계 46개국의 왕족들이 초대되었으며 많은 국가의 원수들이 참석한 그야말로 세기의 결혼식이었습니다. 하객은 1,900명으로 정했으나 거기에는 각국의 원수들뿐 아니라 영국의 총리, 노동당 당수, 연예인, 스포츠 스타, 군 장교 등이 참석하였고 결혼비용은 한화로 1,800억이 들었다고 합니다. 영국의 왕자가 350년 만에 평민 출신의 세자비를 맞는다는 점에서 유럽뿐 아니라 캐나다, 호주 등에서도 큰 관심을 가졌고 결혼을 앞두고 영국은 축제 분위기에 휩싸였습니다. 평범한 여인이었던 세자비는 윌리암 왕자와 같은 대학에서 함께 강의를 듣다가 연인 사이가 되었다고 합니다. 영국 왕실의 결혼식은 세계인의 주목을 끌었던 세기의 결혼식이었습니다.

말씀 속으로

1. 예수님의 결혼식이 있다

예수님의 결혼식을 어린 양의 혼인식이라고 말씀합니다. "어린 양의 혼인 기약이 이르렀고 그의 아내가 자신을 준비하였다."(계 19:7)라고 하였습니다. 예수님의 아내는 교회 즉 예수님을 믿는 성도들을 가리킵니다. 성경에서 예수님은 신랑이요 교회는 신부로 비유하고 있습니다. 그러므로 이제 때가 되면 신랑과 신부의 혼인식이 이루어지게 됩니다. 한나라 왕실의 결혼식이 세기의 결혼식이 되었다면 우주 만물의 왕 되시는 예수님과 성도와의 결혼식은 어떠할지 상상을 해보시기 바랍니다. 이는 세기의 결혼이 아니라 온 우주의 결혼식이 될 것입니다. 이 결혼식에는 하늘의 천군 천사들은 물론이고 모든 피조물들이 기뻐하며 축하하며 영광 돌리는 우주의 축제가 될 것입니다.

성경읽기 / 마태복음 22:2을 읽고 예수님께서 천국을 무엇으로 비유했는지 말해봅시다

2. 어린 양의 혼인식은 주님의 재림 후에 있다

예수님의 재림은 이 세상에서의 인간 역사의 막을 내리고 천국에서의 새로운 세계를 시작하는 것입니다. 신혼부부가 결혼식을 올린 후 새 집으로 분가해서 새로운 삶을 시작하는 것처럼 어린 양의 혼인잔치가 이루어지면 이제 신부된 교회는 이 땅에서의 삶을 마치고 새로운 나라 천국에서 주님을 신랑으로 모시고 주님과 함께 영원한 새로운 삶을 시작하는 것입니다. 천국은 어린 양의 신부들이 가서 살게 될 혼인집이며 새 집입니다. 주님은 천국으로 가시면서 성도가 거할 처소를 예비하러 간다고 하셨습니다. "내가 너희를 위하여 거처를 예비하러 가노니 가서 너희를 위하여 거처를 예비하면 내가 다시 와서 너희를 내게로 영접하여 나 있는 곳에 너희도 있게 하리라."(요 14:2-3) 예수님은 신부

들이 거할 처소를 예비하러 가셨습니다. 이제 주님이 다시 오시면 어린 양의 혼인잔치가 베풀어지고 우리는 주님이 계신 곳에서 주님과 함께 영원히 살게 됩니다.

성경읽기 / 요한계시록 19:9을 읽고 어떤 자가 복이 있다고 하였는지 말해봅시다.

3. 신랑을 맞을 준비를 해야 한다

서로 사랑하는 연인이 결혼하려면 결혼준비를 해야 합니다. 신부는 준비할 것이 많습니다. 결혼식 날에 입을 드레스도 준비해야 하고 미용도 하고 몸도 마음도 깨끗이 준비해야 합니다. 그리스도인들은 모두 주님의 신부들입니다. 그러므로 신부 된 우리는 신랑을 맞을 혼인준비를 해야 합니다. 무엇보다도 결혼식에 입을 드레스 세마포 옷을 준비해야 합니다. 어린 양의 혼인식 때는 빛나고 깨끗한 세마포 옷을 입어야 합니다.(계 19:8) 빛나고 깨끗한 세마포 옷은 성도들의 옳은 행실이라고 하였습니다.(계 19:8하) 결혼식장에 더러워진 예복을 입고 들어갈 수 없습니다. 옷이 준비되어 있지 않으면 어린 양의 혼인식에 청함을 받지 못합니다. 어린 양의 혼인잔치에 청함을 받은 자가 복이 있다고 하였습니다.(계 19:9) 주님의 신부 된 자들은 날마다 말씀 따라 살므로 행실을 바르게 하고 더러워진 옷을 회개함으로 빨아야 합니다. 우리가 사는 이 시대는 어린 양의 혼인 기약이 이른 시대입니다.

성경읽기 / 마태복음 25:10을 읽고 어떤 자들이 혼인잔치에 들어갔는지 말해봅시다.

나가는 말

왕후 에스더는 신부의 모형입니다. 에스더는 간택을 받고 왕에게 나아가기 위해 1년간 자기 몸을 단장하며 준비하였습니다. 여섯 달은 몰약 기름을 쓰고 여섯 달은 향품과 여자들에게 쓰는 다른 물품을 쓰며 자신을 단장하였습니다. 이 시대 주님의 신부 된 그리스도인들은 말씀과 기도와 회개로 자신을 깨끗하게 단장하며 전도와 섬김과 사랑으로 세마포 옷을 준비해야 합니다.

나눔의 시간

1. 오늘 말씀을 통하여 느낀 점을 말해봅시다.
2. 나는 주님 앞에 입고 갈 깨끗한 세마포 옷이 준비되어 있는지 주님의 신부로 어떻게 자신을 가꾸며 단장하고 있는지 나눠봅시다.

적용하기

오늘 말씀을 생활에 어떻게 적용할지 말해봅시다.

결단 및 합심기도

1. 주님의 신부로 혼인식 준비를 못한 것을 회개하며 신부로 자신을 아름답게 단장할 것을 다짐하며 기도합시다.
2. 우리 구역 부흥과 전도 대상자를 위하여 기도합시다.

감사 및 알림

헌금 및 기도, 교회 소식, 구역 소식, 다음 모임, 주기도

제48과 새 하늘과 새 땅

- 본문 / 베드로후서 3:10-13, 참고: 요한계시록 21:1-4
- 인사 / 반갑습니다. 사랑합니다. 주님의 이름으로 축복합니다.
- 찬송 / 235, 240장
- 신앙고백 (기도)

말씀읽기

10 그러나 주의 날이 도둑 같이 오리니 그 날에는 하늘이 큰 소리로 떠나가고 물질이 뜨거운 불에 풀어지고 땅과 그 중에 있는 모든 일이 드러나리로다 11 이 모든 것이 이렇게 풀어지리니 너희가 어떠한 사람이 되어야 마땅하냐 거룩한 행실과 경건함으로 12 하나님의 날이 임하기를 바라보고 간절히 사모하라 그 날에 하늘이 불에 타서 풀어지고 물질이 뜨거운 불에 녹아지려니와 13 우리는 그의 약속대로 의가 있는 곳인 새 하늘과 새 땅을 바라보도다

생각하기 / 신천지(新天地)

새 하늘과 새 땅이란 한문으로는 신천지(新天地)라고 합니다. 이단 신천지가 나타나 한국교회를 어지럽히고 새 하늘과 새 땅의 이름을 도용함으로 새 하늘과 새 땅(신천지)은 이만희 이단 집단의 대명사처럼 되어버렸습니다. 이만희는 과천이 동방의 에덴이라고 하며 기성교회를 바벨론이라고 하고 바벨론에서 나와 신천지로 와야 14만 4천에 들고 자기가 영생을 준다고 합니다. 신천지는 온갖 거짓을 모략 지략이라 하며 속임수와 거짓으로 성도들을 미혹하고 있습니다.

그러나 성경의 새 하늘과 새 땅(신천지 新天地)은 이 세상이 아닙니다. 이 세상 나라는 불에 타서 사라지고 하늘로서 내려오는 새 하늘과 새 땅이 신천지입니다.

말씀 속으로

1. 현존하는 하늘과 땅은 사라진다

베드로 사도는 주의 날이 도둑같이 오리니 그날에는 하늘이 큰소리로 떠나가고 물질이 뜨거운 불에 풀어지고 땅과 그 중에 있는 모든 일이 드러난다고 하였습니다.(벧후 3:10) 주의 날은 주님이 재림하시는 날을 말합니다. 주님이 재림하시면 땅에 있는 성도들이 모두 공중으로 끌어올려 공중에서 주님을 맞이하게 되고 땅은 지옥 갈 사람들, 인간 쓰레기들만 남게 되기 때문에 불로 다 태워버리게 됩니다. 물질이 뜨거운 불에 풀어지는 것은 마치 화산이 폭발할 때 용암이 흘러넘칠 때 나무나 돌이나 모두 녹는 것과 같이 풀어지는 것입니다. 하늘이 떠나간다는 말은 우리 눈에 보이는 지구를 중심으로 한 대기권 하늘을 말합니다. 이날은 지구 역사의 막을 내리는 날입니다.

성경읽기 / 베드로후서 3:7을 읽고 하늘과 땅은 무엇하기 위하여 언제까지 보존하여 두신 것이라고 했는지 말해봅시다.

2. 새 하늘과 새 땅이 시작된다

사도 요한은 기존 하늘과 땅이 다 사라지고 바다도 사라지고 새 하늘과 새 땅이 펼쳐지는 것을 보았습니다. 그리고 거룩한 성 새 예루살렘이 하늘에서부터 내려오는 것을 보았습니다.(계 21:1-2) 주님이 오시면 인류 역사가 막을 내리고 현존하는 땅과 하늘은 사라지고 새 하늘과 새 땅에 시작됩니다. 그곳에는 하나님의 장막이 사람과 함께 있습니다. 하나님이 그들과 함께 계십니다. 하나님께서 모든 눈에서 눈물을 씻겨주십니다 이제 새 하늘, 새 땅에서는 다시는 사망이 없습니다. 사망이 없으니 애통해 하는 것도 없습니다. 곡하는 것도 없습니다. 새 하늘, 새 땅에서는 질병도 없고 사고도 없습니다. 처음 것들이 다 지나갔다고 하였습니다. 처음 것들이란 현존하는 세상 나라의 것들을 말합니다.(계 21:3-4) 세상 나라는 어느 나라나 사망이 있고 슬픔도 있고 곡하는 것도 있습니다. 사고와 질병이 끊이지 않고 있습니다. 이제 새 하늘, 새 땅에서는 이 모든 것이 다 지나가고 기쁨과 행복과 평화가 넘치는 새로운 세계가 영원히 펼쳐지게 됩니다.

성경읽기 / 요한계시록 21:18을 읽고 새 예루살렘은 무엇으로 되었는지 말해봅시다.

3. 평강 가운데 나타나기를 힘쓰라

베드로 사도는 주님이 오시는 날 현존하는 하늘과 땅이 불에 타서 풀어지고 그 가운데 있는 모든 것이 드러나게 되는데 '너희가 어떠한 사람이 되어야 마땅하냐' 고 반문합니다. 그리고 대답해 줍니다. "거룩한 행실과 경건함으로 하나님의 날이 임하기를 바라보고 간절히 사모하라."(벧후 3:11-12)라고 그리스도인들은 이 땅에 사는 동안 새 하늘과 새 땅을 바라보며 그 날을 사모하며 대비하며 살아야 합니다. 주의 날, 새 하늘과 새 땅을 바라보는 자들은 주 앞에서 점도 없고 흠도 없이 평강 가운데 나타나기를 힘쓰며 준비하는 삶을 살아야 합니다.(벧후 3:14) 즉, 헐고 낡아져서 불태워버릴 이 땅의 헌 집에 미련을 두지 말고 영원히 낡아지지 아니할 하늘의 새집으로 이사할 준비를 하며 살아야 한다는 말씀입니다.

성경읽기 / 요한계시록 22:5을 읽고 천국에는 왜 등불과 햇빛이 쓸데없는지 말해봅시다.

나가는 말

이 시대는 새 하늘과 새 땅을 바라보며 준비하고 살아야 할 시대입니다. 주님 오실 날이 점점 가까워지고 있습니다. 이 시대는 거짓 선지자 이단들이 날

뛰며 세계 도처에서 일어나는 지진, 기근, 재난, 하늘의 징조 등은 주님 오심을 알리는 경고의 나팔 소리들입니다. 그러므로 신실한 그리스도인들은 거룩한 행실과 경건함으로 주의 날이 임하기를 바라보고 간절히 사모하며 주님 앞에 점도 없고 흠도 없이 나타나도록 하루하루 최선의 삶을 살아야 합니다.

나눔의 시간

1. 오늘 말씀을 통하여 느낀 점을 말해봅시다.
2. 나는 새 하늘과 새 땅을 바라보고 있는지 또한 주님 오심을 어느 정도 사모하며 살고 있는지 나눠봅시다.

적용하기

오늘 말씀을 생활에 어떻게 적용할지 말해봅시다.

결단 및 합심기도

1. 새 하늘과 새 땅을 바라보고 주님 오심을 사모하며 살 것을 기도합시다.
2. 우리 구역 부흥과 전도 대상자를 위하여 기도합시다.

감사 및 알림

헌금 및 기도, 교회 소식, 구역 소식, 다음 모임, 주기도

제49과 부활절 - 부활의 확실성

- 본문 / 고린도전서 15:12-13
- 인사 / 반갑습니다. 사랑합니다. 주님의 이름으로 축복합니다.
- 찬송 / 167,161장
- 신앙고백 (기도)

말씀읽기

12 그리스도께서 죽은 자 가운데서 다시 살아나셨다 전파되었거늘 너희 중에서 어떤 사람들은 어찌하여 죽은 자 가운데서 부활이 없다 하느냐 13 만일 죽은 자의 부활이 없으면 그리스도도 다시 살아나지 못하셨으리라

생각하기 / 죽었다가 살아난 승려 아데트피얀 신토파울루

미얀마의 독실한 불교 승려가 3일 동안 죽었다가 화장하기 직전 관에서 살아났는데 그사이 천국과 지옥을 보았고 그로 인해 예수님을 믿고 지금까지 속아왔다며 전도하다가 체포되었다고 합니다. 그는 1958년 이라와디 델타라는 시골에서 태어났으며 19세 때 불교 수도원에 들어가서(1977년) 정식 승려가 되고 그때 새로 받은 이름이 파니타 아쉰 트라야임입니다. 그는 수도원에서 6년째 되던 해에 황열병과 말라리아에 걸려 병원에 입원하여 치료를 받던 중 숨을 거두었으며 죽은 후 셋째 날 장례를 치르려고 하는데 관이 움직이며 살아났습니다. 3일간 죽은 상태에서 몸은 부패하여 냄새가 나고 관 밑에는 송장 물이 흥건했다고 합니다. 그는 죽은 후에 어디론가 끌려가 무시무시한 불못을 보았는데 그 속에 지옥의 왕(야마)이 있었고 또한 미얀마인들이 존경하는 샤안다우스님과 아웅산과 부처도 보았는데 왜 이들이 이곳에 왔느냐고 물으니 지옥의 왕은 예수를 안 믿었기 때문이라고 하며 네 이름은 이곳에 없으니 돌아가라 하여 돌아왔는데 3일 만에 살아난 것입니다. (뉴스기사에 나타난 세상사에서 요약)

말씀 속으로

1. 말씀대로 살아나셨다

예수님께서는 자신이 고난받고 죽으셨다가 살아나실 것을 세 번이나 말씀하셨습니다. "갈릴리에 모일 때에 예수께서 제자들에게 이르시되 인자가 장차 사람들의 손에 넘겨져 죽임을 당하고 제삼일에 살아나리라 하시니 제자들이 심히 근심하더라."(마 17:22-23, 마 16:21, 눅 9:22) 예수님은 그 말씀대로 죽으셨다가 살아나셨습니다. 천사는 무덤을 찾아간 막달라 마리아와 다른 여인들에게 "그가 여기 계시지 않고 그의 말씀 하시던 대로 살아나셨느니라 와서 그가 누우셨던 곳을 보라."(마 28:6)라고 하였습니다. 그런데 고린도 교회에는 주님의 부활을 믿지 않는 자들이 있었습니다. 그들은 죽은 자가 다시 살 수 없다고 생각하였습니다. 현대인들 중에도 죽은 자가 어떻게 살아나느냐고 부활을 믿지 않는 자들이 있습니다. 예수님의 부활은 그의 말씀대로 된 것입니다.

성경읽기 / 고린도전서 15:14을 읽고 예수님이 부활하지 않으셨다면 무엇이 헛것이라고 하였는지 말해봅시다.

2. 많은 목격자와 증인이 있다

주님의 부활은 제자들이 꾸며낸 사건이나 한두 사람이 보고 전한 것이 아닙니다. 500여 명 이상이 목격한 사실입니다. 부활하신 예수님은 열한 번에 걸쳐 제자들과 성도들에게 나타나 보였습니다. 그리고 부활을 의심하던 도마에게도 나타나서 부활하신 모습을 친히 보여주셨고, 예수님을 믿지 않고 믿는 자를 대적하였던 사울에게도 나타났습니다. 사울은 예수 믿는 자들을 체포하러 국가의 공문을 받아서 다메섹으로 가다가 부활하신 예수님을 만나고 변화되어 그 뒤부터 죽을 때까지 예수님을 전하는 가장 위대한 삶을 살았습니다. 그리고 그가 성경을 기록하여 오늘도 부활을 증거하고 있습니다. 사울과 제자들의 변화

야말로 예수님의 부활을 확실히 입증해 주는 것입니다.

성경읽기 / 고린도전서 15:22을 읽고 아담 안에서 누가 죽고 그리스도 안에서 누가 사는지 말해봅시다.

3. 빈 무덤이 증거한다

인도에서 스탠리 존스 선교사님이 노방전도를 하고 있는데, 한 이슬람교도가 설교 중간에 나서서 외쳤습니다. “우리는 당신네 기독교인들이 못 가진 것 한 가지를 가졌소!” 그러자 선교사님이 물었습니다. “그것이 무엇이오?” “우리는 사우디아라비아 메디나에 가면 마호메트의 시체가 들어있는 무덤이 있어서 정말 마호메트란 사람이 있었다는 것을 입증할 수 있는데 당신네 기독교인들은 예루살렘에 가면 예수의 빈 무덤밖에 볼 수 없지 않소?” 스탠라 존스는 “당신의 말이 사실입니다. 우리의 주님은 부활하셨소. 그렇기 때문에 우리에게는 빈 무덤밖에 없는 것이오.” 모든 종교의 교주들은 무덤이 있습니다. 그러나 빈 무덤은 없습니다. 오직 예수님 무덤만이 빈 무덤입니다. 사람들은 큰 무덤을 자랑합니다. 기독교는 빈 무덤을 자랑합니다. 빈 무덤이 부활을 증거합니다.

성경읽기 / 고린도전서 15:52을 읽고 언제 부활이 있으며 그때는 어떤 모습이 되는지 말해봅시다.

나가는 말

예수님의 부활은 역사적인 사건이요, 법적으로 입증된 사건입니다. 법적으로 어떤 사건이든지 두 명 이상의 목격자와 증거가 동일하면 성립됩니다. 그런데 예수님의 부활은 500여 명의 목격자와 증인이 있으니 법적으로 성립된 확실한 사건입니다. 예수님의 부활이 확실하다면 죽은 자의 부활이 있을 것 또한 확실합니다. 그러므로 우리는 죽음을 두려워하지 말고 예수님의 부활을 증거하며 믿음을 지켜야 합니다.

나눔의 시간

1. 오늘 말씀을 통하여 느낀 점을 말해봅시다.
2. 예수님의 부활이 확실하다면 고린도전도 15장 14절 말씀을 근거하여 우리는 어떠한 자인지 나눠봅시다.

적용하기

오늘 말씀을 생활에 어떻게 적용할지 말해봅시다.

결단 및 합심기도

1. 죽어도 산다는 부활신앙을 가지고 예수님을 믿고 전할 것을 다짐하며 기도합시다.
2. 우리 구역 부흥과 전도 대상자를 위하여 기도합시다.

감사 및 알림

헌금 및 기도, 교회 소식, 구역 소식, 다음 모임, 주기도

제50과 맥추절 - 첫 열매를 드려라

- 본문 / 신명기 16:9-10, 12
- 인사 / 반갑습니다. 사랑합니다. 주님의 이름으로 축복합니다.
- 찬송 / 587, 292장
- 신앙고백 (기도)

말씀읽기

9 일곱 주를 셀지니 곡식에 낫을 대는 첫 날부터 일곱 주를 세어 10 네 하나님 여호와 앞에 칠
칠절을 지키되 네 하나님 여호와께서 네게 복을 주신 대로 네 힘을 헤아려 자원하는 예물을 드
리고… 12 너는 애굽에서 종 되었던 것을 기억하고 이 규례를 지켜 행할지니라

생각하기 / 감사 – 불평

어떤 사람이 아주 특이한 실험을 하였습니다. 매일 100달러씩 나누어 준 다음 그 결과를 관찰해 보는 것입니다. 첫째 날, 사람들은 제정신으로 하는 행동인지 놀라 멈칫 멈칫 나와서 그 돈을 집어갔습니다. 둘째 주가 되었을 때는 동네 사람들은 현관 입구에까지 나와 돈을 기다렸습니다. 셋째 주가 되자 돈을 주는 것을 신기하게 생각하지 않게 되었습니다. 넷째 주가 되었을 때는 돈 받는 것이 이제 당연한 일이 되었습니다. 실험기한이 끝나는 맨 마지막 날에는 마을 사람들에게 돈을 나눠주지 않고 그냥 그 골목을 지나갔더니 이상한 일이 일어났습니다. 마을 사람들은 성난 목소리로 "왜 오늘은 우리에게 돈 100달러를 안 주는 겁니까?"

말씀 속으로

1. 맥추절의 의미

맥추절은 이스라엘 백성이 지켜야 할 3대 절기 중 하나입니다. 맥추절은 초실절이라고도 하고(출 34:2), 칠칠절이라고도 하며(신 16:9-10), 오순절이라고도 합니다.(행 2:1) 초실절이란 첫 열매를 거두어 하나님께 드린다 해서 초실절이라 하고, 칠칠절이란 유월절 후 7주 지난 후 드리는 절기라 해서 칠칠절이라 하며, 오순절이란 유월절 후 50일째 되는 날이라 해서 오순절이라고 합니다. 맥추절이란 여름에 밭곡식이 주로 보리였기에 보리맥(麥)자를 따서 맥추절이라고 합니다. 이스라엘 민족이 애굽에서 나와 약속의 땅 가나안에 정착하여 첫 농사한 곡식을 하나님께 드리는 절기가 맥추감사절입니다. 처음 것은 하나님의 것입니다. 처음 것, 제일 좋은 것을 하나님께 드리는 것이 바로 맥추절의 정신이요, 하나님 제일주의 신앙을 고백하는 것입니다. 절기는 축제의 날이요, 기쁨의 날이며, 잔치의 날입니다.

성경읽기 / 출애굽기 23:16을 읽고 왜 맥추절을 지키라고 하였는지 말해봅시다.

2. 절기를 지켜야 할 이유

하나님께서는 이스라엘 백성이 이 절기를 지켜야 할 이유를 12절에서 말씀해주셨는데 "너는 애굽에서 종 되었던 것을 기억하고 이 규례(절기)를 지켜 행하라."라고 하셨습니다. 절기를 지키는 것은 하나님의 명령입니다. 이스라엘은 애굽에서 430년을 종살이하면서 압박과 고난의 삶을 살다가 출애굽 했습니다. 광야에서 40년을 살았습니다. 그리고 40년만에 가나안에 들어가서 거기서 농사를 짓고 소중한 첫 열매를 거두었습니다. 과거를 생각하면 꿈같은 삶입니다. 그러므로 종 되었던 자리에서 자유를 주시고 해방을 주셨음을 기억하며 절기를 지키라는 것입니다. 하나님은 첫 열매를 거두고 감사하라고 하십니다. 이는 과거를 잊지 말고 그 고난 가운데서 인도하신 하나님의 은혜를 기억하라는 말입니다. 절기는 구원을 베푸신 하나님의 은혜를 감사하며 또한 하나님의 은혜로 농사짓고 열매를 거두게 됨을 감사해서 지키는 것입니다.

성경읽기 / 출애굽기 23:16을 읽고 무엇을 하나님께 드리라고 하였는지 말해봅시다.

3. 자원하는 예물을 드려라

본문 10절에 "네 하나님 여호와께서 네게 복을 주신대로 네 힘을 헤아려 자원하는 예물을 드리고"라고 하였습니다. 절기 때는 하나님께 감사함으로 자원하여 예물을 드려야 합니다. 가족과 종들과 가난한 자들과 성 중에 사는 모든 사람과 함께 지키라고 하였습니다.(11절) 그리스도인들은 모두 하나님께 복을 받은 자들입니다. 하나님이 모든 것을 우리에게 주셨습니다. 하늘도 땅도 바다도 해, 달, 별들도 산과 들과 나무도 육축도 바다의 고기도 모두 하나님의 것입니다. 하나님이 그것들을 우리에게 주셨습니다. 돈 받고 주신 것이 아닙니다. 공기도 태양빛도 물도 바람도 거저 다 주셨습니다. 이것들이 없으면 한 시간도 살 수 없습니다. 내게 있는 모든 것, 내가 누리고 있는 모든 것이 하나님이 주인이요, 하나님께 받은 것입니다. 그러므로 복받은 대로 감사하여 예물을 드려야 합니다.

성경읽기 / 잠언 3:9-10을 읽고 무엇으로 하나님을 공경하라고 하였으며 어떤 복을 약속하였는지 말해봅시다.

나가는 말

맥추절은 첫 열매를 드리는 절기입니다. 하나님께서는 첫 것은 모두 하나님의 것으로 구별하였습니다. 이는 하나님께서 애굽에서 처음 것들을 다 죽이실 때 이스라엘은 살리셨기 때문입니다. 그러므로 이스라엘 백성들은 희생 제물을 드릴 때도 양의 첫 새끼를 제물로 드렸습니다. 하나님은 첫 것을 구별하여 드리는 자에게 놀라운 축복을 약속하셨습니다.(잠 3:9-10) 그리스도인들은 하루의 첫 시간을 드리고, 일주일의 첫 날을 드리고, 수입의 첫 것을 구별하여 드리고, 수입 중에 십일조를 먼저 떼어서 구별했다가 드려야 합니다.

나눔의 시간

1. 오늘 말씀을 통하여 느낀 점을 말해봅시다.
2. 나는 첫 것을 구별하여 드리고 있는지 나눠봅시다.

적용하기

오늘 말씀을 생활에 어떻게 적용할지 말해봅시다.

결단 및 합심기도

1. 하나님께 삶의 모든 첫 것을 드릴 것을 다짐하며 기도합시다.
2. 우리 구역 부흥과 전도 대상자를 위하여 기도합시다.

감사 및 알림

헌금 및 기도, 교회 소식, 구역 소식, 다음 모임, 주기도

제51과 추수감사절 - 수장절을 지키라

- 본문 / 출애굽기 23:15-16
- 인사 / 반갑습니다. 사랑합니다. 주님의 이름으로 축복합니다.
- 찬송 / 589, 588장
- 신앙고백 (기도)

말씀읽기

15 너는 무교병의 절기를 지키라 내가 네게 명령한 대로 아빕월의 정한 때에 이레 동안 무교병
을 먹을지니 이는 그 달에 네가 애굽에서 나왔음이라 빈손으로 내 앞에 나오지 말지니라 16 맥
추절을 지키라 이는 네가 수고하여 밭에 뿌린 것의 첫 열매를 거둠이니라 수장절을 지키라 이
는 네가 수고하여 이룬 것을 연말에 밭에서부터 거두어 저장함이니라

생각하기 / 임 집사의 추수감사

임 집사는 주보에 끼어있는 추수감사절 봉투를 보며 "추수감사는 추수를 거둬들이는 시절에나 하는 것이지 도시에서 무슨 놈의 추수감사라니…. 그냥 감사절이라고 하던지…." 라고 투덜거리며 추수감사 봉투 대신 흰 봉투에 감사헌금을 냈습니다. 부인 박 집사에게 그 말을 했더니 펄쩍 뛰며 하나님께 벌받을 생각이라고 당신 혼자 벌받는 게 아니라 우리 가족 모두가 벌받게 된다고 야단입니다. 또 추수감사절이 돌아왔습니다. 이번에도 흰 봉투를 가져왔습니다. 다음날 속이 더부룩해 체했나 보다 해서 병원엘 갔는데 의사의 얼굴이 굳어지며 사진의 한 부분을 가리키며 확실치는 않지만 위암으로 의심된다는 것입니다. 순식간에 초상집이 되었습니다. 처음에는 억울하고 분했는데 수요일부터 눈물이 쏟아지기 시작했습니다. 지금까지 한번도 감사다운 감사를 한 적이 없었고 항상 불만 불평하며 살아온 것이 생각났습니다. 임 집사는 몰래 교회에 가서 추수감사 봉투를 가져와서 주일날 처음으로 추수감사 헌금을 드렸습니다

다. 월요일 조직검사 결과가 나왔는데 어릴 때 다친 상처랍니다. 휴우- 임 집사는 하늘을 쳐다보며 모든 것이 새롭게 보였습니다. 그제야 모든 것이 감사했습니다.

말씀 속으로

1. 수장절의 의미

성경에는 감사절기로 유월절, 맥추절, 장막절의 3대 절기가 있습니다. 절기는 축제의 날이요, 기쁨의 날이며, 잔치의 날입니다. 절기가 되면 유대 남자들은 예루살렘 성전에 올라가 순례하며 절기를 지킵니다. 수장절은 그해의 모든 추수를 마치고 수확물을 저장한 후 드리는 절기입니다. 수장절은 초막절이라고도 하며 장막절이라고도 하고 오늘날은 추수절이라고 합니다. 수장절의 뜻은 추수한 것을 거두어 저장한다는 의미로 첫 자를 따서 수장(收藏)절이라 합니다. 이는 1년 동안 하나님의 은혜로 농사를 짓고 추수를 하게 된 것을 감사하여 지키는 감사절이며, 초막이나 장막절은 같은 의미로 이스라엘 백성이 출애굽 후 40년 동안 초막에서 살며 광야생활을 할 때 하나님께서 인도해 주심을 회상하며 지키는 감사절입니다.

성경읽기 / 레위기 23:42을 읽고 며칠간 누가 초막에 거주하라고 하였는지 말해봅시다.

2. 수장절, 추수감사절의 유래

성경의 수장절은 오늘의 추수감사절입니다. 수장절은 모세가 하나님의 말씀을 받아 이스라엘 백성에게 전한 데서부터 시작이 된 것입니다. 모세는 이스라엘 백성들로 하여금 가나안 땅에 들어가서 그 땅을 차지하면 수장절을 지키라고 명을 내렸습니다.

오늘날 지키는 추수감사절은 영국의 청교도들 102명이 신앙의 자유를 얻기 위해서 메이플라워호를 타고 1621년 매사츄세츠주 플리머스에 도착해서 짐승을 잡아먹으며 추운 겨울을 지내고 봄에 옥수수를 심고 가을에 첫 열매를 거두어 하나님께 감사예배를 드린 데서부터 시작이 됩니다. 그 후 1623년에 윌리암 브레드 포드 주지사가 11월 넷째 목요일을 추수감사일로 공포하여 지키던 것을 조지 워싱턴 대통령이 1789년에 미국의 추수감사절로 공포하였으며, 링컨 대통령이 1941년에 추수감사절을 공휴일로 정하여 미국 국회에서 통과시켰습니다. 우리나라는 선교사들이 전해준 대로 대부분 11월 셋째 주일을 추수절로 지키고 있습니다.

성경읽기 / 신명기 16:13을 읽고 언제 절기를 지키라고 하였는지 말해봅시다.

3. 어떻게 절기를 지킬까?

절기는 하나님의 은혜를 기억하는 날입니다. 감사절이란 그동안 우리가 받은 하나님의 은혜를 잊지 않고 기억하여 하나님께 감사드리는 날입니다. 감사는 은혜를 받은 자들이 은혜를 주신 분에게 보답하는 것입니다. 감사란 글자를 보면 느낄 감(感)자에 사례할 사(謝)자를 쓰고 있습니다. 이는 은혜 받은 자들이 고마움을 느끼고 은혜를 주신 분에게 사례를 하는 것입니다. 그러므로 절기 때는 기쁨과 감사함으로 정성껏 예물을 준비하여 하나님께 드려야 합니다. 하나님께서는 감사절에 빈손으로 하나님께 보이지 않도록 하라고 하셨습니다.(신 16:16하)

성경읽기 / 신명기 16:17을 읽고 어떻게 예물을 드리라고 하였는지 말해봅시다.

나가는 말

추수절은 추수를 생각하며 지켜야 합니다. 주님은 추수 때는 세상 끝이라고 하였습니다.(마 13:39) 추수는 알곡과 쭉정이를 가르는 절기입니다. 그리스도인들은 추수 때에 나는 어떤 열매를 맺었는가를 생각해야 합니다. 하나님께서는 좋은 열매를 맺지 아니하면 찍어 불에 던진다고 경고하셨습니다.(마 3:10) 인류의 추수 때가 다가옴을 알고 좋은 열매를 많이 맺는 감사절이 되기를 힘씁시다.

나눔의 시간

1. 오늘 말씀을 통하여 느낀 점을 말해봅시다.
2. 추수감사절에 나는 어떤 열매를 맺었는가, 어떻게 감사할 것인가를 나눠봅시다.

적용하기

오늘 말씀을 생활에 어떻게 적용할지 말해봅시다.

결단 및 합심기도

1. 좋은 열매를 맺어 천국 곳간에 들어갈 것을 다짐하며 기도합시다.
2. 우리 구역 부흥과 전도 대상자를 위하여 기도합시다.

감사 및 알림

헌금 및 기도, 교회 소식, 구역 소식, 다음 모임, 주기도

제52과 성탄절 - 첫 번 성탄을 맞는 사람들

- 본문 / 마태복음 2:1-6
- 인사 / 반갑습니다. 사랑합니다. 주님의 이름으로 축복합니다.
- 찬송 / 115, 123장
- 신앙고백 (기도)

말씀읽기

1 헤롯 왕 때에 예수께서 유대 베들레헴에서 나시매 동방으로부터 박사들이 예루살렘에 이르
러 말하되 2 유대인의 왕으로 나신 이가 어디 계시냐 우리가 동방에서 그의 별을 보고 그에게
경배하러 왔노라 하니 3 헤롯 왕과 온 예루살렘이 듣고 소동한지라 4 왕이 모든 대제사장과 백
성의 서기관들을 모아 그리스도가 어디서 나겠느냐 물으니 5 이르되 유대 베들레헴이오니 이
는 선지자로 이렇게 기록된 바 6 또 유대 땅 베들레헴아 너는 유대 고을 중에서 가장 작지 아니
하도다 네게서 한 다스리는 자가 나와서 내 백성 이스라엘의 목자가 되리라 하였음이니이다

생각하기 / 메리 크리스마스

메리 크리스마스란 즐거운 성탄이란 뜻입니다. 크리스마스란 그리스도 미사란 말로 그리스도께 예배드린다는 뜻입니다. 그러므로 성탄절은 예수님께 예배드리는 날입니다. 그런데 세상 사람들은 성탄절을 잘못 지내고 있습니다. 세상에서 제일 먼저 성탄절을 맞는 곳은 백화점 대형마트입니다. 거기는 화려한 크리스마스 트리를 하고 성탄 캐럴이 울려 퍼지며 크고 작은 불빛들이 요란스럽습니다. 이런 곳들에서는 돈을 벌기 위해 성탄을 보냅니다. 화려한 조명과 경쾌한 캐럴은 있지만, 성탄의 주인공인 예수님은 없습니다. 산타클로스와 선물이 주인공이 되고 예수님 없는 쾌락주의와 향락주의로 흐르고 있습니다. 우리는 성탄의 주인공인 예수님께 찬양하고 경배해야 합니다. 예수님을 보내주신 하나님께 감사와 영광을 돌리며 성탄을 맞이해야 합니다.

말씀 속으로

1. 소동하는 무리들

천문학을 연구하던 동방의 박사들이 하늘에 큰 별이 나타난 것을 보고 이 땅에 특별한 왕이 태어났다는 증거임을 알았습니다. 그래서 그들은 하늘의 별을 보는 순간 별을 따라 머나먼 길을 떠나 왕 중의 왕을 찾아 유대로 가게 됩니다. 유대로 온 박사들은 왕은 왕궁에서 나셨으리라 생각하고 헤롯 왕궁으로 찾아가 물었습니다. "유대인의 왕으로 나신 이가 어디 계시뇨 우리가 동방에서 그의 별을 보고 그에게 경배하러 왔노라."(마 2:2) 왕궁으로 가서 묻자 이 말을 들은 헤롯 왕과 예루살렘 백성들이 모두 놀라 소동이 일어났습니다. 오히려 헤롯은 자기의 왕위가 위태로워질 것을 두려워하여 왕으로 나신 이를 죽일 음모를 꾸밉니다. 오늘날도 성탄절을 소동하며 보내는 자들이 많습니다. 백화점은 성탄절에 돈 버느라 소동합니다. 사람들은 먹고 마시고 즐기느라 소동합니다. 성탄절에 죄를 짓고 악을 행하는 일로 소동합니다.

성경읽기 / 마태복음 2:16을 읽고 헤롯은 왕으로 오신 예수님을 죽이기 위하여 어떻게 하였는지 말해봅시다.

2. 알면서도 맞이하지 않는 지식인들

대제사장들과 서기관들은 성경을 알고 있었습니다. 그들은 메시아가 베들레헴에서 나실 것을 알고 있었습니다. 헤롯도 메시아 왕이 오실 것을 알고 있었습니다. 그러므로 헤롯이 서기관들과 제사장들을 불러 그리스도가 어디서 나겠느냐고 물었습니다. 그들은 성경을 인용하여 유대 땅 베들레헴이라고 알려주었습니다. 그런데 그들은 왕을 찾아가 맞이하지 않았습니다. 성경에 예언된 메시아가 오셨다는데도 영접하지 않았습니다. 그들은 지식적으로만 알고 믿지 않는 자들입니다. 오늘날 세상 사람들도 성탄이 예수님이 오신 날인 것을 알고 있습니다. 그런데 메시아로 믿지 않고 영접하지 않습니다. 지식적으로만 알고 믿지 않는 자들은 구원받지 못합니다. 만약 우리가 그곳에 있었다면 우리는 주님께 달려갔을지 아니면 서기관들처럼 지식으로만 알고 끝났을지…. 그 자리에 없었던 것이 다행인지도 모릅니다.

성경읽기 / 미가서 5:2을 읽고 이스라엘을 다스릴 자가 어디서 나오리라고 했는지 말해봅시다.

3. 아기 왕께 경배드린 사람들

그들은 동방의 박사들입니다. 그들은 별이 나타남을 보고 왕이 나심을 믿고 귀한 예물을 가지고 수백, 수천 리 길을 찾아가 왕께 예물을 드리고 경배를 드렸습니다. 그들은 예수님을 낳은 부모들에게 경배하지 않았습니다. 왕이신 아기 예수님께 경배하였습니다. 그리고 황금과 유향과 몰약, 귀한 예물을 드렸습니다. "아기와 그의 어머니 마리아가 함께 있는 것을 보고 엎드려 아기께 경배하고 보배합을 열어 황금 유향 몰약을 예물로 드리니라."(마 2:11) 동방박사들은 자기들의 소유 중에서 가장 귀하고 소중한 것, 왕께 합당한 예물을 드렸습니다.

오늘날도 주님의 성탄절에 주님께 나아와 가장 소중한 예물을 드리며 왕께 경배하는 사람들이 있습니다.

성경읽기 / 누가복음 2:15을 읽고 구주가 나셨다는 말을 들은 목자들은 어떻게 하였는지 말해봅시다.

나가는 말

성탄이란 하늘에 계셨던 예수님이 이 땅에 오신 날을 기념한 날입니다. 예수님은 이 땅에 오시기 전 하늘에서 하나님과 함께 계셨습니다. 하늘에 계시던 예수님이 이 땅에 오신 것은 죄에 빠진 우리를 구원하기 위함입니다. 예수님은 마리아의 몸을 빌려 아기의 모습으로 이 땅에 오셨습니다. 그러므로 우리는 성탄에 주님께 나아가 예물을 드리며 기쁨으로 성탄을 맞이해야 합니다. 그리고 이 기쁜 소식을 이웃에게 전하며 다시 오실 주님을 맞을 준비를 해야 합니다.

나눔의 시간

1. 오늘 말씀을 통하여 느낀 점을 말해봅시다.
2. 우리는 성탄을 어느 정도 기쁨으로 맞고 있는지 나눠봅시다.

적용하기

오늘 말씀을 생활에 어떻게 적용할지 말해봅시다.

결단 및 합심기도

1. 동방의 박사들처럼 성탄에 왕께 나아가 경배드리고 다시 오실 주님을 맞을 준비할 것을 다짐하며 기도합시다.
2. 우리 구역 부흥과 전도 대상자를 위하여 기도합시다.

감사 및 알림

헌금 및 기도, 교회 소식, 구역 소식, 다음 모임, 주기도

memo

52주 신바람 구역공과 제자로 세우는 구역 4

인쇄일 2015년 10월 19일
발행일 2015년 10월 26일

지은이 조종제
펴낸이 장사경
편집디자인 박소린

펴낸곳 Grace 은혜출판사 (Grace Publisher)

주소 서울특별시 종로구 종로 65길 12-10
전화 (02) 744-4029 팩스 744-6578
출판등록 제 1-618호(1988. 1. 7)

ISBN 978-89-7917-964-4 04230
ISBN 978-89-7917-918-7 04230 (세트)